# Werkbuch Religionsunterricht 1 bis 6

Frieder Harz
in Zusammenarbeit mit
Margarete Luise Goecke-Seischab und Gertrud Miederer

# Biblische Erzählwerkstatt

Anregungen zum Erzählen und Gestalten
von elf biblischen Geschichten mit fünf Bildern

Verlag Ernst Kaufmann

# Inhaltsverzeichnis

| | |
|---|---|
| Didaktische Einführung ................ 3 | Jesus segnet die Kinder (Markus 10,13–16) 61 |
| | Maria aus Magdala (Johannes 20,11–18) ... 70 |
| Abraham und Sara (1 Mose 24,1–4) ....... 7 | Pfingstgeschichte (Apostelgeschichte 2) .. 76 |
| Mose (2 Mose 3) .................... 14 | Ein Afrikaner wird getauft |
| Jona (Jona 1–2) ..................... 21 | (Apostelgeschichte 8,26–39) .......... 83 |
| Ester ............................. 30 | |
| Heilung des Aussätzigen (Markus 1,40–44) 39 | Kartei Segensworte .................... 90 |
| Seligpreisungen (Matthäus 5, 1–7) ........ 48 | Kartei Psalmworte .................... 91 |
| Gleichnis vom Sämann (Matthäus 13,1–9) . 55 | Gestaltungskarten .................... 94 |

Die Deutsche Bibliothek – CIP-Einheitsaufnahme

Harz, Frieder:
Biblische Erzählwerkstatt: Anregungen zum Erzählen und Gestalten
von elf biblischen Geschichten mit fünf Bildern / Frieder Harz. – Lahr: Kaufmann, 2001
(Werkbuch Religionsunterricht 1 bis 6)
ISBN 3-7806-2554-7


1. Auflage 2001
© 2001 Verlag Ernst Kaufmann, Lahr
Dieses Buch ist in der vorliegenden Form in Text und Bild urheberrechtlich geschützt. Jede Verwertung ist ohne
Zustimmung des Verlags Ernst Kaufmann unzulässig und strafbar. Dies gilt insbesondere für Nachdrucke,
Vervielfältigungen, Übersetzungen, Mikroverfilmungen und die Einspeicherung und Verarbeitung
in elektronischen Systemen.
Printed in Germany
Umschlaggestaltung: JAC unter Verwendung einer Collage von Margarete Luise Goecke-Seischab
Zeichnungen: Margarete Luise Goecke-Seischab
Hergestellt bei Präzis-Druck GmbH, Karlsruhe
ISBN 3-7806-2554-7

# Didaktische Einführung

Im Unterschied zu den zahlreichen Erzählbüchern zu biblischen Geschichten, die Nach- oder Weitererzählungen zum Vorlesen anbieten, werden hier andere Akzente gesetzt. „Werkstatt" meint zum einen die eigenständige Auseinandersetzung der *Erzählenden* mit der Geschichte und zum zweiten die selbstständige Beschäftigung der *Hörenden* mit ihr. Dazu gibt dieses Buch vielerlei Anregungen. Gedacht ist es für den Religionsunterricht der Jahrgangsstufen 1–6, aber auch für einen Kindergottesdienst, in dem Zeit und Raum ist für selbsttätige Auseinandersetzung der Kinder mit dem Gehörten, entsprechend auch für Kinderbibeltage und ähnliche Veranstaltungen.

## Erzählen

Wer die Erzählvorschläge lediglich vorliest, nutzt nur einen Teil des Angebots dieses Buches. Beabsichtigt ist nämlich vor allem eine eigenständige Beschäftigung mit den Anregungen, um leichter zum eigenen Erzählen zu kommen.

### *Vorüberlegungen*

Sie skizzieren in knappen Sätzen, welche inhaltlichen Akzente im nachfolgenden Erzählbeispiel gesetzt wurden, im Blick auf theologische Zusammenhänge und im Blick auf das, was den Kindern gut tut und sie bereichern kann. Sie geben Rechenschaft über die Voraussetzungen des Erzählens und laden dazu ein, selbst nachzuvollziehen, wie diese Voraussetzungen im Erzählbeispiel ihren Niederschlag gefunden haben. Damit ist der Weg frei, diese Voraussetzungen auch in anderen, eigenen Ideen erzählerisch lebendig werden zu lassen.

### *Lernziele*

Die Vorüberlegungen sind in Lernzielen zusammengefasst. An ihnen ist ablesbar, dass es in dem hier beabsichtigten Erzählen um viel mehr geht als um bloße Vermittlung biblischen Wissens. Die Kinder sollen sich vielmehr mit einer Gestalt (oder einer Gruppe) der Geschichte identifizieren, sich mit ihren eigenen Erfahrungen, Empfindungen und Einstellungen in ihr wiederfinden können. Nur so werden die Erfahrungen, welche die biblischen Gestalten mit Gott bzw. mit Jesus machen, ein Angebot für sie selbst, für ihr Leben und ihren Glauben. Die Lernziele sind die roten Fäden für das emotionale wie auch kognitive Sich-Wiederfinden in den biblischen Gestalten und dem, was sie bewegt und weiterbringt.

### *Erzählvorschlag*

Der ausführliche Erzählvorschlag stellt eine von vielen Möglichkeiten dar, die Geschichte zu erzählen. Er bietet viele konkrete Erzählideen an und will so die Freude am Erzählen biblischer Geschichten wecken. Aus diesem Grund wurden auch etliche Geschichten ausgewählt, die sonst eher unbekannt sind, etwa die von Ester, zu den Seligpreisungen oder zum Gleichnis vom Sämann. Damit soll deutlich werden, dass mit der Methode des Erzählens den Kindern auch eher sperrig wirkende Texte zugänglich werden können. Bekanntere Geschichten erscheinen in einem überraschend neuen „Erzählgewand".

### *Kommentarspalte*

Sie macht noch detaillierter darauf aufmerksam, wie die „roten Fäden" mit konkreten Erzählideen verknüpft wurden – um ihnen im freien eigenen Erzählen zu folgen oder sich eigene Ideen einfallen zu lassen. Wer diesen Verbindungen von Leitfaden und Erzählideen bewusst folgt, wird viel für das eigenständige Erzählen auch anderer biblischer Geschichten lernen können. Oft gilt es nämlich nur die Scheu davor zu verlieren, die didaktisch gewonnenen, theologisch und pädagogisch verantworteten Leitziele mit Vorstellungen aus dem konkreten Alltag, dem eigenen und dem der Kinder, zusammenzubringen.

Der Kommentar gliedert den Erzählvorschlag in einzelne Szenen und macht so darauf aufmerksam, wie wichtig das Erzählen in anschaulichen Bildern, gleichsam das Sehen mit den Augen der Hauptperson(en) der Geschichte ist. Die Szenen setzen Schritt für Schritt und damit gut nachvollziehbar die Leitziele in Erzählhandlung um und sind damit auch eine unentbehrliche Merkhilfe für das eigene freie Erzählen.

### *Gesprächsimpulse*

Eindrückliches Erzählen fordert auch den „Gesprächsraum", in dem die Hörenden möglichst unmittelbar zum Ausdruck bringen können, was sie in dieser Geschichte bewegt, was sie beschäftigt, in Unruhe versetzt oder mit Freude erfüllt hat. Solche Gespräche haben so gut wie nichts zu tun mit einem bloßen Abfragen der Inhalte. Wenn die Kinder bisher nur einen solchen Abfragestil kennen, sind sie umsichtig und einfühlsam in die andere Form des Gesprächs einzuführen, in dem sie mit eigenen Worten sagen können, was sie beeindruckt hat und was sie beschäftigt, bei dem nicht verbessert und zurechtgewiesen wird. Zu solchen Gesprächen sollen die den Erzählvorschlägen folgenden Gesprächsimpulse anregen.

## Anregungen zum selbstständigen vertiefenden Arbeiten

Zunächst sind die vorgeschlagenen Arbeitsformen als Anregungen für kreative Verfahren im lehrergesteuerten Unterricht gedacht. Sie dienen damit zugleich der Vorbereitung der Kinder auf ein späteres selbsttätiges Bearbeiten von Aufgabenkärtchen. Sie sollten nicht verwechselt werden mit Anregungen, welche die Kinder nur beschäftigen. Ihr Anspruch liegt vielmehr darin, die Zielsetzungen für Erzählung und Gespräch konsequent weiterzuverfolgen. Die Kinder sollen sich damit auseinandersetzen, was ihnen anhand dieser Geschichte in ihrem eigenen Leben und Glauben weiterhelfen kann. Es geht in jedem Fall um Bezüge zu ihrem eigenen Leben, um eine ganz persönliche Auseinandersetzung mit der Geschichte. Die Vielfalt der Arbeitsformen soll dazu anregen, möglichst viele Begabungen und Fähigkeiten der Kinder ins Spiel zu bringen. Je nach dem Alter der Kinder und der konkreten Situation ist das Anspruchsniveau der Aufgaben zu wählen.

## Anregungen für Lernzirkel

Bei Lernzirkeln ist das Thema vorgegeben, eben die erzählte biblische Geschichte. Aber in der eigenen Weiterarbeit können die Kinder selbst bestimmen über
- die Arbeitsform, in der sie sich mit Inhalten und Zielen der Geschichte weiterbefassen,
- den Schwierigkeitsgrad, den sie sich zutrauen bzw. zumuten,
- das Arbeitstempo, bei dem sie ganz bei der Sache sein können,
- die soziale Konstellation, in der sie arbeiten möchten.

Die Arbeit mit Freiarbeitsmaterialien ist nur dann erfolgversprechend, wenn alle Beteiligten mit den gewählten Arbeitsformen vertraut sind bzw. sorgsam in sie eingeführt wurden.

- Die Unterrichtenden sollten sich unbedingt vorher selbst mit den Aufgabenstellungen auseinandersetzen: Können sie die Aufgabe nachvollziehen? Welche Ideen kommen ihnen selbst in den Sinn? Was würde ihnen selbst Freude machen?
- Lernzirkel-Materialien sind kein abgeschlossenes, fertiges Angebot. Wer sich mit den vorgeschlagenen Aufgaben beschäftigt, wird sicher auch neue eigene Aufgaben zu Inhalten und Gestaltungsmöglichkeiten finden. Um die Herstellung weiterer Kärtchen zu erleichtern, findet sich auf S. 95 ein Leerkärtchen.
- Die kurz gefassten Anregungen der Kärtchen sind nicht als Einführung in die angezeigten Verfahren gedacht, sondern als Hilfestellung, Bekanntes auf die Thematik dieser Geschichte anzuwenden.
- Dementsprechend sollte umsichtig bedacht werden, welche Auswahl an Kärtchen den Kindern zur Eigentätigkeit angeboten werden

kann und soll. Je erfahrener die Gruppe mit Lernzirkeln ist, desto größer und differenzierter kann auch das Aufgabenangebot sein.

Für die Durchführung der Lernzirkel-Arbeit empfehlen sich folgende Schritte:

- Die Palette der Arbeitsmöglichkeiten wird vorgestellt, am besten auch visuell. An Besonderheiten der Arbeitsverfahren wird erinnert.
- Die Kinder treffen ihre Entscheidung, nehmen die übersichtlich angeordneten Kärtchen und Materialien in Augenschein (bitte prüfen, ob alle vorhanden sind!), sprechen gegebenenfalls die Zusammenarbeit mit anderen Kindern ab. Auf den Kärtchen kennzeichnet die Anzahl der abgebildeten Kinder die Empfehlung für Einzel-, Partner- und Gruppenarbeit.
- Die Aufgaben werden bearbeitet, die Unterrichtenden stehen den Kindern für Fragen und nach Bedarf auch beratend zur Seite.
- Ergebnisse werden vorgestellt. Auch dabei empfiehlt sich Methodenvielfalt. Neben das bloße Erläutern können Spielformen, vorbereitete Gespräche, Ausstellungen treten. Nicht jedes Ergebnis muss unbedingt vorgestellt werden. Der Wert der Arbeit liegt vor allem im Prozess der Auseinandersetzung, weniger im vorzeigbaren Produkt.
- Auch an Präsentation über das Klassen- oder Gruppenzimmer hinaus kann gedacht werden, z. B. in anderen Klassen; als Beitrag zu einer Feier oder Ausstellung der Schule; bei einer Veranstaltung oder einer Ausstellung in Räumen der Kirchengemeinde.

Folgende Schwierigkeiten dürfen nicht übersehen werden:

- Die Einzelstunde (45 Min.) ist für die Arbeit mit Lernzirkeln denkbar ungünstig. Schon bei Doppelstunden muss zeitlich umsichtig geplant werden, damit die Zeit der selbstständigen Arbeit der Kinder nicht unterbrochen wird. Bei Einzelstunden kann nur eine eingeschränkte Palette der Arbeitsangebote eingesetzt werden.
- Die Schwierigkeitsgrade der Arbeitsaufgaben sind unterschiedlich. Kinder brauchen hier gute Beratung, um den rechten Weg zwischen Unter- und Überforderung zu finden. Der Vorteil ist, dass zum Schluss die Vielfalt und Leistungsfähigkeit der ganzen Gruppe präsent werden. Das kann auch dazu motivieren, sich beim nächsten Mal einer schwierigeren oder bisher noch weniger gewohnten Aufgabe zu stellen.

## Hinweise zu den angebotenen Verfahren

**Gestalten:** In den Anweisungen wird versucht, einen angemessenen Mittelweg zwischen notwendigen Anleitungen und gängelnder Einengung zu finden. Darauf ist auch beim Beraten der Kinder zu achten. Speziellere Verfahren sind in vier eigenen Gestaltungskarten benannt (Collage; Comic-Zeichnen; Papierstreifenbild; Farbbegrenzung). Siehe S. 94.
Bei der *Collage* sollte zum Thema gesammeltes Bildmaterial (z. B. Kopien aus religionspädagogischen Fotosammlungen u. ä.) zur Verfügung stehen. Entsprechendes gilt für das Bereitstellen von symbolhaften *Gegenständen*.

**Malen:** Der Umgang mit Farben gibt viele Anregungen, Gefühle und Stimmungen auch ungegenständlich auszudrücken.

**Schreiben:** Konkrete Poesie (die Anordnung der Buchstaben, Wörter, Zeilen interpretiert den Inhalt), Brief- und Tagebuchschreiben sind den Kindern wahrscheinlich vertraut. Bei der Erarbeitung von Lexikonartikeln sollte das Entstehen einer Sammlung von den Kindern verfasster Artikel zu verschiedenen Begriffen ins Auge gefasst werden. Gelegentlich wird auf die Psalmenkartei S. 91 verwiesen.

**Erkunden:** Beim Interview sollen die Kinder dazu angehalten werden, sich vor der eigentlichen Befragung die Fragestellungen gut zu überlegen und sie auch zu notieren. Sonst bleiben die Interviewfragen zu oberflächlich und unergiebig.

**Musizieren:** Fast immer geht es um das Ausdrücken von Empfindungen mit Klängen der Orff-Instrumente. Musizierende Gruppen brauchen einen eigenen Raum! Wichtig ist, sich die Vielfalt an Ausdrucksmöglichkeiten von hohen und tiefen, spitzen und stumpfen, langen und kurzen Tönen, harmonischen und disharmonischen, lauten und leisen, groben und zarten Klängen zu erspielen. Günstig ist es, wenn der musikalische Ausdruck nach einzelnen Szenen der Geschichte gegliedert wird.

**Bildbetrachtung:** Auch beim selbstständigen Umgang mit dem Bild im kleinen Kreis sollen die Grundschritte der Bildbetrachtung eingehalten werden: (1) Wahrnehmen der Einzelheiten und Benennen, was auf dem Bild alles zu sehen ist, (2) Entdecken von Zusammenhängen zwischen Bild und biblischer Geschichte, (3) Wahrnehmen der besonderen Akzente, die der Künstler gesetzt hat, (4) Erschließen, was ihm wohl an dieser Geschichte besonders wichtig gewesen sein könnte (Anordnung der Szene; Farbgebung; Gestik und Mimik der Personen ...). Eine besondere Aufgabe und Herausforderung ist es, als Kleingruppe die Bildbetrachtung mit der Gesamtgruppe durchzuführen. Mit der eigenen Bilderschließung sind dann entsprechende Impulse, Seh- und Deutungsaufgaben für die Gesamtgruppe zu formulieren.

**Diskutieren:** Die Aufgaben der Diskussionsleitung sind hier von der Kleingruppe selbst zu leisten:
(1) Welche Meinungen schälen sich heraus und wie können sie deutlich voneinander abgegrenzt werden?
(2) Verändern sich die einzelnen Positionen durch Zustimmungen und Infragestellungen anderer?
Ergebnisse der Diskussion können eingebracht werden
– als zusammenfassender Bericht,
– als Diskussion nach dem Fishbowl-Muster: Die Kleingruppe fängt an zu diskutieren, die anderen sitzen drumherum. Wer aus der Gesamtgruppe Lust hat, sich an der Diskussion zu beteiligen, tritt in den Diskussionskreis hinein und kann ihn auch wieder verlassen,
– in einer großen Diskussionsrunde: Die Kleingruppe bzw. ausgewählte Mitglieder fungieren als Diskussionsleitung für die ganze Gruppe. Dazu ist dann das vorherige Erarbeiten geeigneter Impulse nötig.

**Spielen:** Die Arbeitsform des Rollenspiels dürfte Unterrichtenden in der Regel vertraut sein, muss aber von den Kindern gut geübt werden, um nicht in oberflächlicher „Spielerei" stecken zu bleiben.

# Abraham und Sara

(1 Mose 12, 1–4)

## Beim Aufbruch in Neuland sich von Gott begleitet wissen

*Vorüberlegungen*

Mit dem knappen Bericht in 1 Mose 12,1–4 beginnt der große Komplex der so genannten Vätergeschichten. Wir tauchen in die Welt der Kleinviehnomaden mit ihren Schafherden ein. Immer wieder geht es hier um Aufbruch zu neuem Weideland samt den damit verbundenen Risiken. Gott zeigt sich in seinem Versprechen an den Anführer der Sippe, den richtigen Weg zu weisen und den Fortbestand der Sippe zu garantieren. Er gibt das Signal zum Aufbruch, mutet ihn den Menschen zu, aber er geht auch mit ihnen mit. Der Herausforderung, das Gewohnte zu verlassen, steht das Vertrauen auf Gottes Versprechen gegenüber. Das ist ein ganz elementares Bild für den Glauben: In den Auf- und Umbrüchen des Lebens stiftet Gottes Zusage Verlässlichkeit und zeigt sich als Wegweiser in das noch unbekannte Neuland.

In unserem biblischen Text hat Gottes Versprechen mehrere Dimensionen: Gott verspricht neue Heimat, das Wachstum der Sippe zu einem großen Volk und eine besondere Stellung samt der damit verbundenen Verantwortung im Zusammenhang der anderen Völker. In unserer Geschichte wird die Verheißung auf den ersten Aspekt der neuen Heimat begrenzt.

Was dieser Text über den Glauben vermittelt, trifft bei den Kindern auf eine grundsätzliche Herausforderung, die sich mit dem Leitthema „Urvertrauen gegen Urmisstrauen" (Erikson) kennzeichnen lässt. In der Eroberung ihrer Welt betreten die Kinder immer wieder Neuland und müssen Vertrautes hinter sich lassen: die Geborgenheit des Kleinkinds, später den Kindergarten. Zugleich brauchen sie viel Vertrauen darauf, dass sie sich im Ungewohnten gut zurechtfinden werden. Biblischer Glaube bietet eine Vertrauensbeziehung zu Gott an, die weiter reicht als die Begleitung durch die Bezugspersonen. In Geschichten wie dieser kann Glaube als Vertrauen auf Gott für die Kinder anschaulich werden. Solches Vertrauen kann dann auch als Ermutigung, Hoffnungs- und Lebenskraft angesichts von bedrängenden Berichten und Begebenheiten im Erfahrungskreis der Kinder wirken.

*Lernziele*

- Einblick gewinnen in die Welt der Nomaden, die von Aufbrüchen bestimmt ist,
- die Zumutung, Verunsicherung und Herausforderung spüren, die solche Aufbrüche mit sich bringen,
- entdecken, dass die Beziehung zu Gott in solchen Situationen Vertrauen stiften kann,
- entdecken, dass Glaube an Gott Schwierigkeiten im Leben nicht beseitigt, sondern mithilft, sie zu bewältigen.

## Kommentar

### 1. Szene:
*Am Abend vor dem Zelt*

Das erste Bild soll die Zuhörenden in die Lebenswelt der Nomaden mit hineinnehmen. Abraham und Sara haben es zu Wohlstand gebracht, das ist das eine. Die Herausforderung zum Aufbruch ist das andere. Im biblischen Text ist der Grund für den Aufbruch nicht angegeben, aber vieles spricht dafür, dass es der bei den Nomaden typische Anlass ist: Mangel an Gras und Wasser, vielleicht sogar eine Hungersnot. Ebenfalls über den biblischen Text hinausgehend soll nachvollziehbar werden, wie die in den Blick kommende Nötigung zum Aufbruch verunsichert und erschreckt. Damit werden die Kinder zugleich neugierig auf das weitere Geschehen. Sie ahnen schon die Herausforderungen, die auf Abraham und Sara zukommen werden. Die Kinder sollen in der Erzählung auch Anregungen bekommen, sich in den Gestalten des Abraham und der Sara selbst wiederzufinden mit analogen eigenen Erfahrungen. Deshalb sind die Dialoge zwischen beiden so wichtig, in denen die Empfindungen der Beteiligten zum Ausdruck kommen.

### 2. Szene:
*Am Morgen nach Abrahams Begegnung mit Gott*

Genauso gut könnte von Abrahams Gespräch mit Gott unmittelbar erzählt werden, etwa, dass Abraham in der Nacht aufwacht. Weil aber in diesem Erzählvorschlag das Gespräch zwischen Abraham und Sara der rote Faden sein soll, wurde darauf verzichtet, zugunsten eines Rückblicks des Abraham.

Neben der Perspektive, die Gottes Verheißung anbietet, soll bewusst die

## Erzählanregung

*2. Figur dazu* ↓

① Es ist Abend. Die Sonne geht gerade unter. Abraham und Sara sitzen vor ihrem Zelt, so wie sie es oft um diese Zeit tun. Sie hören das Blöken der Schafe und die Stimmen der Hirten, die sich noch um sie kümmern.
„Das alles gehört uns", sagt Abraham bedächtig. „Hier in Haran sind unsere Herden groß geworden. Und wir sind mit unseren Herden alt geworden. Hier sind wir zu Hause."
„Und hier möchte ich auch bleiben", ergänzt Sara. „Hier fühle ich mich wohl. Wir kennen die Nachbarn und verstehen uns gut mit ihnen. Wir haben Brunnen und Weiden für unsere Tiere. Es fehlt uns doch an nichts!"
Abraham meint: „Hoffentlich bleibt das immer so! Du weißt ja, Sara, das kann sich auch ändern!"
„Und dann, was ist dann?", fragt Sara unsicher.
„Dann müssen wir anderswo hinziehen", antwortet Abraham. „Irgendwohin, wo es bessere Weiden und genug Wasser gibt."
„Ach, reden wir nicht davon", meint Sara, „noch geht es uns ja gut hier."

→ *gestalten mit Tüchern*

Da kommt Elieser herübergelaufen, der Knecht.
„Abraham, ich muss mit dir reden!", sagt er.
„Ist etwas passiert?", fragt Abraham.
„Ich weiß es nicht", antwortet Elieser. „Als wir mit der Herde an der Wasserstelle waren, da war der Wasserspiegel ganz tief gesunken. Wir haben dann weiter nach Quellen gesucht, aber nichts gefunden."
Sara schaut Elieser ganz erschrocken an. „Ist es wirklich schon so weit?"
Abraham sagt lange nichts. Dann meint er sorgenvoll: „Wenn es so weitergeht, dann müssen wir weg von hier."
„Ich will aber nicht", ruft Sara. „Wohin sollen wir denn ziehen? Wo ist denn besseres Weideland für unsere Herden? Weißt du das, Abraham?"
Wieder schweigt der lange und sagt dann: „Wir bleiben hier, solange es geht. Wohin wir dann ziehen können, das weiß ich auch nicht!"
Einige Tage vergehen. Von morgens bis abends geht Abraham und Sara und Elieser nur eins durch den Kopf: Müssen wir wirklich weg von hier? Und wohin sollen wir dann gehen? Hoffentlich können wir hier bleiben!

② Eines Morgens sagt Abraham zu Sara: „Sara, es ist jetzt soweit!"
Fragend schaut Sara ihn an.
„Wir brechen auf und ziehen weg!", erklärt er.
„Aber", stottert Sara und hat Tränen in den Augen, „wohin sollen wir denn gehen?"
„Sei beruhigt", sagt Abraham. „In der Nacht habe ich mir viele Gedanken gemacht. Es waren dann immer die gleichen Worte, die mir durch den Kopf gegangen sind. Und ich weiß es, das waren Worte von Gott. Ganz deutlich habe ich seine Botschaft vernommen: ‚Zieh los, verlass deine Heimat. Und habe keine Angst, ich gehe mit euch und zeige euch den Weg. Ihr werdet neues und gutes Land finden und eine neue Heimat. Es wird ein Ort sein, an dem ihr euch wohlfühlen werdet, du und Sara und Elieser und alle anderen, die zu euch gehören.' Sara, mach dir keine Sorgen, Gott wird uns eine neue Heimat schenken!"

8

Zumutung stehen, die die Weisung zum Aufbruch bedeutet. Sonst besteht die Gefahr, dass Glaube als Vertrauen zu Gott zu abgehoben vom Alltag und den Gefühlen der Menschen erscheint. Glaube will auch errungen sein durch Zweifel und Unsicherheit hindurch. Indem erzählt wird, dass Abraham in sich Gottes Stimme hört, wird der Weg frei zu einem angemessenen Verständnis des Hörens auf Gott. Das muss keine ungewöhnliche Gotteserscheinung sein, sondern kann auch geschehen, indem sich in einem Menschen innere Worte zur Gewissheit verdichten.

3. Szene:

*Unterwegs*

Mit dem Erzählen der äußeren Ereignisse verbindet sich das Nahebringen der inneren Stimmungen und Gefühle der Beteiligten. Beides gehört auch hier zusammen. Deutlich soll dabei zugleich werden, wie denn das Vertrauen auf Gott konkret einem Menschen zur Hilfe werden kann.

Der weite Weg wird nur kurz angedeutet, um dann am Ziel wieder mehr bei der Freude darüber zu verweilen, dass Gottes Versprechen in Erfüllung gegangen ist und die Sippe wirklich eine neue Heimat gefunden hat.

Weil für Kinder der soziale Aspekt so wichtig ist, werden dabei auch die neuen Nachbarn ins Spiel gebracht.

Sara fragt: „Bist du dir da wirklich sicher? Du weißt, wie schlimm es ist, wenn man seine Heimat verlassen muss."
Abraham nickt: „Zuerst habe ich mich auch gegen diese innere Stimme gewehrt. Ich will doch auch gerne hier bleiben. Aber dann habe ich gespürt, dass ich mich auf die Stimme verlassen kann. Gott wird uns einen guten Weg führen!"
Lange denkt Sara nach. Dann sagt sie: „Ich glaube dir. Es wird so sein, wie du gesagt hast. Ich glaube, dass wir uns auf Gott und das, was du von ihm gehört hast, verlassen können."

Dann geht alles ganz schnell. Abraham holt die Knechte zusammen, Sara die Mägde. Es gibt viel zu tun, bis alles bereit ist zum Aufbruch.
Bei der Arbeit muss Sara immer wieder an all das Schöne denken, das sie hier erlebt hat, und sie seufzt. Aber dann denkt sie an das, was Abraham erzählt hat, und sie murmelt vor sich hin: „Gott wird uns eine neue Heimat schenken. Gott wird uns nicht im Stich lassen!"
Bald ist es so weit, sie brechen auf. Es ist eine lange Reise, durch Gegenden ohne Gras und Wasser, und oft sagt Sara zu Abraham: „Warum nur konnten wir nicht zu Hause bleiben!" Und auch: „Bist du dir sicher, dass wir auf dem richtigen Weg sind?"
Aber nach vielen Tagen wird die Landschaft anders. Sie sehen wieder grünes Gras, schattige Bäume und Wasserquellen. Das sind gute Weiden für ihre Schafherde.
„Hier bleiben wir!", sagt Abraham. „Das wird unsere neue Heimat."
Es dauert eine Zeit lang, doch bald haben sie auch zu den neuen Nachbarn guten Kontakt gewonnen. Abends sitzen sie mit ihnen oft beim Lagerfeuer zusammen und erzählen einander Geschichten. Neue Geschichten hören sie, die sie bisher noch nicht kannten. Und auch sie haben den anderen viel Neues zu erzählen.
„Gott sei Dank", meint Sara zu Abraham, „dass es uns jetzt wieder gut geht!"

## Gesprächsimpulse

- Gewohntes und Vertrautes verlassen zu müssen ist oft schwierig. Es gibt so vieles, das man dabei loslassen muss. (Erzähle davon!)
- Vielleicht hast du auch schon Vertrautes hinter dir lassen müssen. (Erzähle davon!)
- Worte, die dir viel bedeuten, gehen dir immer wieder durch den Kopf. (Erzähle davon!)
- Wie kann wohl Gottes Versprechen Menschen helfen, mit schwierigen Veränderungen zurechtzukommen?
- Abraham und Sara haben die neue Heimat als Erfüllung von Gottes Versprechen erfahren. Sie haben Grund, Gott für vieles zu danken.

**Abraham und Sara**

Abraham hört Worte, die ihm viel bedeuten. Du kannst diese Worte in Schmuckschrift schreiben!

## Anregungen für die Freiarbeit

**Abraham und Sara**

Abraham und Sara haben nach dieser Nacht viel zu besprechen.
Spielt dieses Gespräch!

**Abraham und Sara**

Gott sagt Abraham seine Begleitung zu. Suche aus der Kartei der Segenssprüche einen aus, der Abraham und Sara begleiten soll, und schreibe ihn in Schmuckschrift. Magst du ihn in deinem Schatzkästlein sammeln?

## Abraham und Sara

Versucht möglichst viel über das Leben der Nomaden herauszufinden. (Lexika, Sachbücher zur Bibel, Erklärungen zur Bibel, Befragungen, Internet...)
Informiert die Klasse darüber, z. B. mit einer Wandzeitung, einem Infoblatt, durch einen Vortrag.

## Abraham und Sara

Malt auf lange Papierstreifen den Weg von Abraham und Sara mit ihren Begleitern und Tieren durch die Wüste.
Malt, wie sie am Ziel sind, sich freuen und Gott loben!
*Siehe Gestaltungskarte Papierstreifenbild!*
An den verschiedenen Stationen dieses langen Weges sucht oder spürt Abraham etwas von Gottes Begleitung.
Schreibt seine Gebete dazu!

## Abraham und Sara

Gestaltet im Sandkasten oder mit Tüchern und Gegenständen die Landschaft, durch die Abraham und Sara ziehen, und die Landschaft, in die Gott sie führt.

## Abraham und Sara

Das Lied Nr. 311 im Gesangbuch erzählt von den Erfahrungen Abrahams und Saras. Habt ihr Lust, das Lied so vorzubereiten, dass eure Mitschüler gerne mitsingen?
Ihr könnt das Lied mit Instrumenten begleiten, euch Bewegungen dazu ausdenken, einen Tanz entwickeln.
Zum Begleiten eignen sich besonders die Töne ‚e', ,e' und ‚h'.

## Abraham und Sara

Sieh dir auf dem Bild die Gesichter der Menschen an. Überlege dir, was sie beschäftigt.
Was wollte der Künstler wohl damit sagen, dass er auch eine Stadt mit dicken Mauern abgebildet hat?
Erzähle anderen, was du auf diesem Bild entdeckt hast!

## Abraham und Sara

Als Sara von Gottes Versprechen an Abraham hört, hat sie gemischte Gefühle in sich.
Du kannst Saras Gefühle mit Farben in einem Stimmungsbild zum Ausdruck bringen.

## Abraham und Sara

Du möchtest Abraham und Sara viele Dinge und gute Wünsche mitgeben. Hast du Lust, ein Reisesäckchen zu packen mit verschiedenen Dingen, die von deinen Wünschen für die beiden erzählen können?

## Abraham und Sara

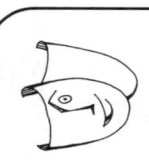

Als Sara von Gottes Versprechen an Abraham hört, kämpfen in ihrem Inneren zwei Meinungen miteinander.
Spielt diesen Kampf der Meinungen!

EXODUS, Holzschnitt von Walter Habdank 1975. © beim Künstler

# Mose

(2 Mose 3)

## Eine neue Erfahrung mit Gott machen – sich einer schwierigen Aufgabe stellen

*Vorüberlegungen*

Aus dem großen Zusammenhang der Mosegeschichten, der von Moses Geburt bis zum Ende der Wüstenwanderung hin reicht, wird hier nur der Abschnitt von Moses Berufung herausgegriffen. Aus der Vielfalt der theologischen Aspekte, die der Bibeltext enthält, werden nur die folgenden in den Erzählvorschlag aufgenommen:

- Mose ist die herausragende alttestamentliche Mittlergestalt zwischen Gott und seinem Volk. Gott teilt sich Mose ganz unmittelbar mit, Mose erzählt seinem Volk davon bzw. handelt entsprechend. In der Berufungsgeschichte kommt das in besonderer Weise zum Ausdruck. Mose begegnet Gott und wird in sein Amt eingesetzt. Von besonderen Qualifikationen ist dabei nicht die Rede.
- Gott zeigt sich im Feuer – in diesem Symbol kann sich die Wirkkraft Gottes und seine Präsenz gut mit seiner Unanschaulichkeit und Transzendenz verbinden. Auch später sind Feuer und Rauch die begleitenden Zeichen des Erscheinens Gottes.
- Was Gott in seinem Namen zu erkennen gibt („Ich bin"), ist seine Kontinuität in der Zeit, seine Verlässlichkeit. Die Zusage der Begleitung erinnert an die Erfahrungen von Abraham und Sara, Isaak und Jakob mit Gott.

Kinder haben große Erwartungen an Gott. Sie sind meist mit Vorstellungen von Gottes Macht und Allmacht verbunden. Diese Bilder sollen sich weiterentwickeln können zu Vorstellungen von Gottes mittelbarem Wirken in und durch Menschen. Dazu kann diese Geschichte viel beitragen. Kleine Kinder veranschaulichen ihre Beziehung zu Gott gerne in konkreten anthropomorphen Vorstellungen. Die werden hier nicht zurückgewiesen, sondern in dem Symbol des Lichts und Feuers transzendiert. Mit diesem Symbol kann das Suchen nach angemessenen Vorstellungen von Gott weitergehen. In ihren Bildern von Gott transportieren Kinder ihre Eindrücke von ihm. Das sollen vor allem die Erfahrungen des begleitenden, Vertrauen stiftenden, zur Selbstständigkeit ermutigenden Gottes sein. Genau das wird auch in dieser Geschichte bestärkt. Die Kinder können den Mut machenden Gott, der ihnen wahrscheinlich schon in anderen Geschichten begegnete, auch hier wieder erkennen.

*Lernziele*

- Entdecken, dass Gottes Stärke und Kraft durch Menschen zum Wirken kommt, die in seinem Auftrag handeln,
- das Symbol des Feuers als einen Vorstellungsraum entdecken, in dem sich Bilder von Gott weiterentwickeln können,
- sich bewusst machen, dass Gottes Versprechen der Begleitung eine wichtige Basis unserer Beziehung zu Gott ist,
- sich bewusst machen, dass Gott Menschen mit Gaben und Fähigkeiten ausstattet, die sie zur Erfüllung ihrer Aufgaben brauchen.

## Kommentar

*1. Szene:*

*Am Abend vor dem Zelt*

Nachdem die Szenerie skizziert ist, wird über den Dialog von Mose und Zippora der Anschluss an die Vorgeschichte hergestellt, nämlich an die Gefangenschaft Israels in Ägypten. Gleichzeitig werden die Vorstellungen von Gott und Erwartungen an ihn thematisiert, in denen sich wohl kleinere Kinder selbst gut wiederfinden können: dass Gott groß und stark ist, alles kann, allmächtig ist und natürlich seine Macht für diejenigen einsetzt, die sich ihm verbunden fühlen.
Die Geschichte enthält im weiteren Verlauf dann mancherlei Impulse, die über solche Vorstellungen von Gott hinausführen. Mit ihr sollen die Kinder Anregungen bekommen, ihre Gottesbilder weiterzuentwickeln. Um Gottes Größe und Stärke geht es auch weiterhin, auch wahrscheinlich immer wieder um sein unmittelbares, wunderhaftes Eingreifen. Aber die begleitende Nähe Gottes und sein Wirken durch Menschen sind die Richtung, in die sich die Vorstellungen von Gott verändern sollten.

*2. Szene:*

*Mose kommt zurück*

Die Erzählung bleibt bei Zippora. Sie ist die Zuhörende, wie es die Kinder auch sind, und kann so zugleich ihre begleitenden Gedanken und Assoziationen einbringen. Zunächst wird erst einmal die Neugier geweckt. Dabei kommen noch einmal Erwartungen an Gott zur Sprache. Denn mit den Erwartungen an Gottes Stärke können auch die von den Kindern häufig benannten konkreten anthropologischen Vorstellungen von Gottes Körper thematisiert werden, die dann mit dem Symbol des Feuers Anregungen zur Weiterentwicklung erhalten.

Dann erzählt Mose im Rückblick. Von den verschiedenen Erklärungsversuchen des brennenden Dornbuschs (von Luftspiegelungen bis zu ätherischen

## Erzählanregung

Es ist Abend. Die Tiere sind versorgt, der Platz vor dem Zelt ist aufgeräumt für die Nacht. Im Pferch hört man die Schafe blöken. Mose und seine Frau Zippora sitzen vor ihrem Zelt und genießen die aufkommende Kühle.
„Uns geht es hier gut", meint Mose nach einer Weile nachdenklich. „Aber meine Gedanken wandern oft zu meinen unterdrückten Landsleuten nach Ägypten. Ob unsere Vorfahren wohl jemals geahnt haben, dass ihre Nachkommen als Sklaven Steine schleppen und Lehmziegel brennen müssen für die Pyramiden des Pharao?"
„Warum greift euer Gott nicht endlich ein und befreit dein Volk?", fragt Zippora. „Du hast mir doch erzählt, wie er deine Vorfahren beschützt und begleitet hat. Dreinfahren müsste er und dem Pharao zeigen, wer der Stärkere ist! Als der einzige Gott hat er doch die Macht dazu! Ich stelle ihn mir groß und stark vor, da könnte er das doch tun!"
„Ich habe mir auch schon oft überlegt", fährt Mose fort, „wie Gott unser Volk retten könnte. Aber ich kann es mir einfach nicht vorstellen! Wir können Gott nur darum bitten, *dass* er es tut!"
„Wenn er wirklich Gott ist, *muss* er es tun", erklärt Zippora mit fester Stimme. Inzwischen ist es Zeit zum Schlafen.
„Morgen muss ich früh los", sagt Mose. „Ich muss weit in die Wüste hinein. Es wird bestimmt Abend werden, bis ich zurückkomme!"

Am nächsten Abend hält Zippora Ausschau nach Mose. Da sieht sie ihn kommen. Zuerst ist er nur ein kleiner Punkt, langsam wird er größer. Endlich ist er da.
„Stell dir vor, Zippora", ruft er aufgeregt, „ich habe etwas Großartiges erlebt!"
„Was denn?", fragt Zippora gespannt.
„Ich bin Gott begegnet!"
„Du hast Gott gesehen?" Zippora ist sprachlos vor Überraschung. „Erzähl schon", drängt sie. „Wie sieht er aus? Ist er groß und stark? Größer als ein Mensch? Woran erkennt man, dass er mächtig ist? Hat er gesagt, wie er dein Volk befreien wird?"
Mose schüttelt den Kopf. „Es war ganz anders, als du denkst!"
„Erzähl schon", sagt Zippora noch einmal ungeduldig.
Und Mose fängt an:
„Es war mitten in der Sonnenhitze. Weißt du, wenn die Luft flimmert und man kaum die Augen aufmachen kann, weil die Helligkeit so blendet."
„Ja, das kenne ich", wirft Zippora ein.
„Da sah ich unten am großen Berg, zu dem die Leute auch Gottesberg sagen, etwas aufleuchten. Es kam mir vor wie ein Feuerschein. Es war ein ganz eigenartiges Leuchten. Das wollte ich mir natürlich genauer ansehen.

Ölen des Strauchs) wird keine direkt aufgenommen. Das eigenartige Phänomen soll zwar verständlich gemacht werden, um dem Realitätssinn der Kinder zu entsprechen, aber gerade nicht eine Erklärung erfahren. Das Geheimnis soll vielmehr stehen bleiben. Ihm kann man sich nur annähern. Das Geschehen soll so gewissermaßen durchsichtig werden auf die Jenseitigkeit Gottes hin. Erste behutsame Spuren sollen gelegt werden zum symbolischen Verständnis des Feuers.

Mit dem Verdecken der Augen wird das Fragen, wie denn Gott wirklich aussieht, abgebrochen. Der Enttäuschung der Zippora mag entsprechen, wenn Kinder die Erwachsenen fragen, wie Gott denn aussieht, und die ihnen ehrlich zugestehen, dass sie das auch nicht wissen. Damit aber ist der Weg frei für die anderen und weiterführenden Erfahrungen mit Gott: Gott wird sich als der verlässliche, helfende, rettende Gott erweisen. Damit kommt auch die zweite Neuausrichtung ins Spiel, nämlich dass Gott mittelbar durch Menschen wirkt. Indem Gott Mose zu der großen Aufgabe beruft, fühlen sich die Kinder auch in ihrem „Werksinn" (Erikson) angesprochen. Sie möchten auch Großes leisten und identifizieren sich gerne mit Personen, denen solches gelingt. Und sie nehmen dabei die Botschaft des Glaubens auf, dass Gott jedem Menschen besondere Gaben und Kräfte gibt und ihnen Gelingen schenken will – all den gegenteiligen Erfahrungen von Leistungszwang und Misslingen zum Trotz, die eher die Minderwertigkeitsgefühle stärken.

Am Schluss steht Zipporas Einverständnis zu diesem Weg neuer Erfahrungen mit Gott. Genauso gut könnte dies noch offen bleiben und die Geschichte mit einem inneren Ringen der Zippora zwischen den alten und den neuen Vorstellungen von Gott enden.

Ich ging darauf zu und erkannte einen Dornbusch. Und mitten um ihn herum dieses helle Licht, das wie Flammen loderte und nicht aufhörte zu brennen. Ich ging immer näher heran. Und dann hörte ich auf einmal in mir ganz deutlich meinen Namen: ‚Mose!' Und ich antwortete: ‚Ja, da bin ich!' Und die Stimme sprach weiter: ‚Mose, bleib stehen und ziehe deine Schuhe aus. Du stehst auf heiligem Boden.'"

„Und? Hast du etwas von Gott gesehen?", fragt Zippora.

„Nein, das helle Licht schmerzte in meinen Augen und ich wusste in diesem Moment: Wenn Gott in diesem Licht ist, dann ist er noch heller als alles Licht, das ich bisher gesehen habe. Und ich habe mir meine Jacke über das Gesicht gezogen."

Zippora ist enttäuscht. „Dann hast du außer diesem Licht ja gar nichts von Gott gesehen!"

„Nein", antwortet Mose. „Wie Gott *aussieht*, das kann ich dir nicht sagen."

„Aber hat Gott wenigstens gesagt, wann er dein Volk retten wird?", fragt Zippora weiter.

„Ja", sagt Mose, „aber ganz anders, als wir es uns bisher gedacht haben!"

„Wie denn?"

„Gott hat mir eine wichtige Botschaft mitgegeben. Er hat gesagt: ‚Ich habe die Not meines Volkes in der Gefangenschaft bei den Ägyptern gesehen und ich will es daraus befreien. Und du, Mose, sollst der Mensch sein, der mein Volk aus der Gefangenschaft führen wird! Geh zum Pharao und befiehl in meinem Auftrag, dass er mein Volk in die Freiheit ziehen lassen soll!'"

„Du?", fragt Zippora verwundert. „Kannst du denn das?"

„Das habe ich auch gefragt", antwortet Mose. „Ich habe zu Gott gesagt: ‚Ich kann doch nicht gut reden. Und vor dem Pharao schon gleich gar nicht!' Aber Gott sprach zu mir: ‚Fürchte dich nicht, ich bin bei dir, ich gebe dir alle Fähigkeiten, die du brauchst! Nimm deinen Bruder Aaron mit. Er kann gut reden!' ‚Und wie soll ich meinen Leuten erklären, wer mich geschickt hat?', habe ich gefragt. ‚Sag ihnen', hat er mir geantwortet, ‚der *Ich bin, der ich bin; ich war, der ich war; ich werde sein, der ich sein werde!*'"

Zippora schweigt nachdenklich. Dann sagt sie zu Mose:

„Gott will also dein Volk retten, indem er dich schickt! Und er greift ein, indem er dich stark macht! An so etwas habe ich bisher noch gar nicht gedacht. Und er wird immer mit dir sein, wohin du auch gehst!"

Eine Weile sagen die beiden gar nichts. Aber dann meint Zippora: „Ich lasse dich nicht gerne nach Ägypten gehen. Aber ich glaube, es muss sein. Und ich glaube auch, dass du Großartiges erleben wirst! Dass Gott dein Volk retten wird, das ist wunderbar. Darauf freue ich mich!"

*Gesprächsimpulse*

- Was wisst ihr darüber, wie es den Israeliten in Ägypten ergangen ist? Tragt alles zusammen!
- Schon vor seinem großen Erlebnis hat Mose mit Zippora viel über Gott nachgedacht. Erinnert euch das an eure eigenen Gedanken, Bilder und Vorstellungen von Gott? Erzählt davon!
- Im Feuer kann manches von dem zum Ausdruck kommen, was zu Gott passt. Was meint ihr dazu?
- Zunächst hat sich Mose gegen Gottes Auftrag gesträubt, aber dann war er einverstanden. Überlegt, was ihn in seinem Gespräch mit Gott wohl dazu gebracht hat!
- Am Ende dieses Tages ist in Moses und Zipporas Vorstellungen von Gott manches anders gewesen als vorher. Was meint ihr dazu?
- Mit welchen Gedanken hat sich wohl Mose auf den Weg gemacht? Mit welchen Gedanken hat Zippora wohl Mose von zu Hause aus begleitet?

*Anregungen für die Freiarbeit*

**Mose**

Menschen haben verschiedene Vorstellungen von Gott. Sie sagen: „Gott ist für mich wie …"
Du kannst solche Vorstellungen aufschreiben oder malen.

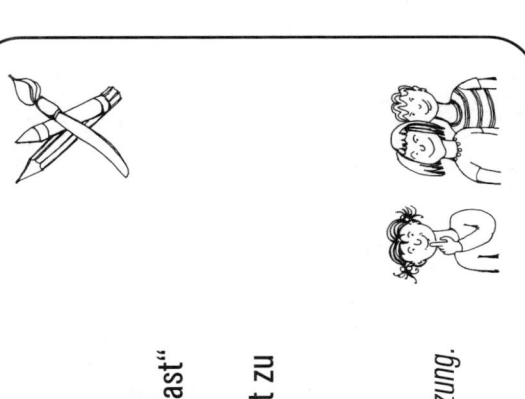

**Mose**

„Licht ist dein Kleid, das du anhast" (Psalm 104,2).
Lass dich von diesem Psalmwort zu einem Bild von Gott anregen!
Du kannst dazu mit Farben ein Bild gestalten.
*Siehe Gestaltungskarte Farbbegrenzung.*

## Mose

„Ich bin da! Ich werde mit dir sein!"
So hat es Gott dem Mose am Dornbusch versprochen.
Ihr könnt mit Farben oder Klängen ausdrücken,
wie diese Worte in Mose wirken,
als er sich auf den Weg zum
Pharao macht.

## Mose

„Erleuchtende Gedanken – zündende Gedanken" …
Gestaltet eine Collage mit farbigen Papieren, die ihr beschriften könnt. In ihr soll zum Ausdruck kommen, wie Mose am brennenden Dornbusch ein „Licht aufgeht". Er weiß jetzt mehr über Gottes Wirken.
*Siehe Gestaltungskarten*
*Collage und Farbbegrenzung.*

## Mose

„Gott muss endlich machtvoll eingreifen!"
So haben viele Israeliten zur Zeit Moses gedacht.
Spielt ein Gespräch am Abend vor den Häusern!

Mose kommt dazu und erzählt von seinem Auftrag. Das Gespräch nimmt eine neue Wendung. Spielt die Szene weiter!

## Mose

Mose trifft auf dem Weg zum Pharao einen Landsmann. Der ist gar nicht überzeugt von dem, was Mose tun will. Die beiden diskutieren heftig miteinander.
Spielt das Gespräch!

## Mose

Sieh dir die Zeichnung von Rembrandt aufmerksam an. Was möchte der Künstler wohl über den brennenden Dornbusch sagen?
Erzähle den anderen von deinen Entdeckungen.

## Mose

"Ich bin, der ich bin! Ich war, der ich war! Ich werde sein, der ich sein werde!"
Mit so eigenartigen Namen stellt sich Gott dem Mose vor. Was er wohl damit zum Ausdruck bringen möchte?
Sprecht in eurer Gruppe darüber und überlegt, wie ihr die Ergebnisse eures Gesprächs in der Klasse vorstellen könnt!

## Mose

"Du, Mose, ich find dich ..."
Schreibe Mose einen Brief, in dem du ihm sagst, was du von ihm hältst!

## Mose

"Ich bin da" – ein treffender Name für Gott.
Du kannst diesen Namen (z. B. mit Farben oder schöner Schrift) gestalten oder so, dass zum Ausdruck kommt, was dieser Name für uns Menschen bedeuten kann.

Rembrandt, „Mose und Aaron vor Pharao". Rohrfederzeichnung um 1651

# Jona

(Jona 1–2)

## Ein Weg in die Selbstständigkeit – von Gott begleitet

*Vorüberlegungen*

Jona kündigt seine Beziehung zu Gott auf und sucht sich dessen Auftrag an ihn zu entziehen. Aber mit dem Sturm und durch die Not auf dem Schiff fühlt er sich in die Enge getrieben. Er kann doch den Gott, von dem er sich gerade verabschiedet hat, nicht um Hilfe bitten! Der Frömmigkeit der anderen, der heidnischen Matrosen, kann er nichts entgegensetzen. Die eigene Passivität, Verlegenheit und seine Schuldgefühle den anderen gegenüber gipfeln schließlich in seiner Selbstaufgabe. Die wunderhafte Rettung durch den Fisch ist für Jona wie eine neue Geburt: ein neuer Anfang und ein neues Verhältnis zu Gott. Jona ist jetzt von sich aus bereit, mit Gott seinen Weg zu gehen und sich von ihm neu beauftragen zu lassen.

In diesem Verständnis der Jona-Geschichte erscheint Gott nicht als derjenige, der Jona seinen Willen aufzwingt, sondern der ihn seinen eigenen Weg gehen lässt, ihm allerdings auch die Konsequenzen dieses Weges zumutet, bis an die Grenzen. In diesem Sinn soll der Akzent weniger darauf gelegt werden, dass Gott den Sturm schickt, um Jona in die Knie zu zwingen, sondern dass er den Sturm nicht verhindert, die Entscheidung des Jona samt seinen Folgen ernst nimmt, ihn an dieser Grenze aber nicht fallen lässt, sondern hält.

Schon kleine Kinder wagen immer wieder den Ausbruch aus dem eng werdenden Raum häuslicher Geborgenheit. Dabei stehen sie in der Gefahr, ihre Möglichkeiten zu überschätzen. Deshalb können sich Schülerinnen und Schüler gut in Jona wiederfinden. Das Erlebte in dieser Geschichte macht Jona und sie nicht klein, sondern schenkt ihnen Kraft, den eigenen Weg weiterzugehen. Jona verliert im Scheitern seines Vorhabens nicht das Gesicht, sondern darf neu anfangen.

Vielleicht stellen Kinder die Frage, warum Gott hier Unheil, nämlich den Sturm, geschehen lässt. Der Kinderglaube an einen allmächtigen Gott, der alles gut macht, kann sich vielleicht mit Hilfe dieser Geschichte weiterentwickeln hin zu dem Gott, der Unheil nicht verhindert, aber einen trotzdem nicht im Stich lässt. Die Geschichte lässt ahnen, dass Gottes Möglichkeiten weiter reichen als unsere eigenen Vorstellungen.

*Lernziele*

– Die Loslösung von der Autorität als etwas Normales kennen lernen, das zum Selbstständigwerden dazugehört,
– die Ausweglosigkeit mitempfinden, in die Jona geraten ist,
– entdecken, dass Gott Jona auch in seinen Schwierigkeiten begleitet,
– spüren, wie sich im Lauf der Geschichte Jonas Beziehung zu Gott vertieft und reicher wird,
– Verständnis dafür gewinnen, dass viele Lebens- und Glaubenserfahrungen am besten in Symbolen ausgedrückt werden können.

## Kommentar

*1. Szene:*

*Auf dem Weg zum Hafen*

In dieser Szene soll die Auseinandersetzung des Jona mit der Autoritätsperson Gott nachempfunden werden. Jonas Weg nach Jafo eröffnet die Möglichkeit, den Emotionen Gehör zu geben, die mit der Trennung von der Autorität verbunden sind. Man könnte diese Szene auch als Dialog gestalten zwischen Jona und einer Person, der er unterwegs begegnet.

Es gilt, in diesem „Selbstgespräch" des Jona mit Gott den Ton zu finden, in dem auch Kinder sich gegen ihre Bezugspersonen auflehnen.

Um Genaueres über den Anlass des Streits mit Gott zu erzählen, bietet sich die Möglichkeit der Rückblende an.

*2. Szene:*

*Jona am Hafen*

Abenteuerlust soll spürbar werden, das Interesse am Neuen, Unbekannten, aber vielleicht auch Bedenken, Beklemmung vor der unbekannten Zukunft. Anregende Bilder von dem Neuen sollen in den Kindern entstehen. Vielleicht formen eigene Urlaubseindrücke oder Erinnerungen an historische Filme beim Erzählen die Bilder mit?

*3. Szene:*

*Auf dem Schiff*

Jona setzt seinen Entschluss wegzufahren in die Tat um. Wichtig ist bei dieser Szene, sich in die Empfindungen des Jona einzufühlen. Wer der Neugier und Abenteuerlust Jonas viel Raum geben möchte, kann das im Gespräch mit den Seeleuten ausführen. Sind auch Unsicherheit und Bedenken spürbar?

## Erzählanregung

„So, jetzt bin ich bald unten am Hafen", redet Jona vor sich hin. „Und dann fahre ich weit, weit weg! Damit du's weißt: Ich lasse mir von dir nicht länger vorschreiben, was ich zu tun habe! ,Jona, mach dies! Jona mach das!' Pah, ich hab's satt!"

Mit wem spricht Jona eigentlich? Es ist doch weit und breit niemand zu sehen. Spricht er mit sich selbst? Da, er brummelt schon wieder: „Das hast du dir so gedacht, Gott, dass ich immer mache, was du willst! Aber da täuschst du dich. Ich gehe nicht in die Stadt Ninive, um den Leuten dort zu sagen, dass du böse auf sie bist. Schick doch jemand anderes. Ich hab keine Lust, ich hab was anderes vor. Ich bin groß genug, dass ich selber entscheiden kann. Und ich habe entschieden, dass ich ganz weit weg fahre. Lass mich also bitte in Ruhe, Gott!"

Mürrisch stapft Jona die Straße entlang. Er hat keinen Blick für die Blumen am Weg und für die Leute, die ihm begegnen. Auf dem Rücken trägt er einen Sack mit seinen Habseligkeiten, die er schnell zusammengepackt hat. Er muss daran denken, wie er immer wieder Gottes Stimme in sich hörte: „Geh nach Ninive in die große Stadt und richte den Leuten aus, dass ich böse auf sie bin." Ganz deutlich hört er diese Worte in sich. Hartnäckig klingen sie in ihm nach: „Geh nach Ninive! Geh nach Ninive!"

Jona greift sich gequält an den Kopf und ruft: „Nein! Nein! Nein! Das tue ich nicht! Ich fahre weit weg und zwar genau in die entgegengesetzte Richtung!"

In der Ferne sieht Jona das Meer. Jetzt tauchen die Türme und Häuser von Jafo auf. Dahinter muss der Hafen liegen. Von den Schiffen sieht Jona nur die hohen Masten und die eingerollten Segel an den Querstangen.

Langsam geht Jona durch die Straßen von Jafo. So viel Interessantes gibt es dort zu sehen in den Läden, vor denen die Händler ihre Waren aufgebaut haben. Es duftet nach Gewürzen aus aller Welt. Menschen von fremdartigem Aussehen, in seltsamen Gewändern begegnen ihm. Die sind bestimmt mit den Schiffen aus fernen Ländern gekommen, denkt Jona. In solch ein fernes Land will er jetzt auch reisen.

Am Hafen geht er von Schiff zu Schiff. Er sieht zu, wie die Waren ein- und ausgeladen werden: große Stoffballen, Holzstämme, Säcke mit Getreide und vieles andere.

„Wohin geht denn die Reise?", fragt er einen Seemann.

„Nach Tarsis", antwortet der.

„Habt ihr noch einen Platz frei?"

„Ja! Willst du mit? Aber wir fahren heute Abend schon ab."

„Das ist mir recht", sagt Jona. „Je früher, je besser. Tarsis wollte ich schon immer mal sehen."

Er bringt seinen Sack auf das Schiff und handelt mit dem Kapitän den Preis aus.

„Willkommen an Bord!", begrüßen ihn die Matrosen. Sie zeigen ihm, wo er sein Gepäck unterbringen kann. Und als er mithilft, die restlichen Waren einzuladen, lachen sie ihm freundlich zu.

Dann werden die Taue eingeholt, der Anker gelichtet. Das Schiff verlässt den Hafen. Jona sieht, wie die Menschen und Häuser immer kleiner werden. Jetzt gibt es kein Zurück mehr.

### 4. Szene:
### Im Sturm

Die Geschichte wird auch weiterhin aus der Sicht des Jona erzählt. Was auf ihn zukommen könnte, war ihm bis hierher nicht bewusst. Erst die Angst der Seeleute zeigt ihm den Ernst der Lage. Er aber erkennt, dass er jetzt Gott nicht mehr um etwas bitten kann. In Selbstvorwürfen kann man das gut zum Ausdruck bringen.

Zuerst geht die Reise gut voran. Doch plötzlich kommt Sturm auf. Immer höher werden die Wellen. Jona macht ein bedenkliches Gesicht. An Sturm und hohe Wellen hat er nicht gedacht, als er auf das Schiff stieg. Aber, denkt er, die Seeleute werden schon wissen, wie man das Schiff durch den Sturm bringt. Und außerdem wird Gott schon aufpassen, dass nichts passiert.

Jona beobachtet die Matrosen bei der Arbeit. Er hört die Befehle des Kapitäns. Noch sieht es aus, als würde alles gut gehen. Doch der Sturm wird stärker, eine riesige Welle stürzt über das Schiff hinweg und reißt alles mit sich, was nicht niet- und nagelfest ist. Jeder versucht sich zu retten, so gut er kann. Jona hört, wie einige der Seeleute laut zu ihren Göttern beten und sie um Hilfe anflehen.

Da durchfährt Jona ein Schreck: Die Matrosen beten zu ihren Göttern – und er? Er kann zu niemandem beten. Er hat sich doch gerade mit Gott verkracht! Da kann er doch nicht erwarten, dass er ihm hilft!

Rundherum tobt der schlimmste Sturm, den Jona je erlebt hat, und er kann nichts tun. Nichts! Den Seeleuten kann er nicht helfen, weil er von ihrer Arbeit nichts versteht. Und um Hilfe beten kann er auch nicht. Verzweifelt rennt er hinunter in den hintersten Winkel des Schiffes und versteckt sich dort.

Wäre ich doch zu Hause geblieben, denkt er. Hätte ich doch mit Gott keinen Streit angefangen. Dann könnte ich jetzt beten. Ach, nun sind wir alle verloren …

Er drückt sich in die dunkelste Ecke und weint.

### 5. Szene:
### Im Gespräch mit den Matrosen

Im Dialog zwischen den Seeleuten und Jona kann eine wichtige theologische Intention des Jona-Buches zum Zuge kommen: Die Begegnung des jüdischen Glaubens mit heidnischer Religion. Jede Überheblichkeit verbietet sich angesichts der Ernsthaftigkeit, mit der die Matrosen beten und auch dem Gott Israels Respekt entgegenbringen. Diese Szene ist für die Erziehung zu interreligiöser Toleranz wichtig.

Ein großes Problem ist in der Tatsache zu sehen, dass ein Mensch getötet werden soll. Die Schuld darf nicht den

Dann hört er Schritte. Die Matrosen suchen ihn.

„Da steckst du ja", sagen sie. „Wir haben dich schon überall gesucht! Du musst uns beim Beten helfen. Wir haben zu unseren Göttern gebetet, aber es hat nichts genützt. Jetzt kann uns nur noch dein Gott helfen. Bete zu ihm, damit der Sturm aufhört und das Meer ruhig wird!"

„Ich kann nicht", antwortet Jona verzweifelt. „Ich weiß, dass mein Gott alles kann. Er hat die Welt geschaffen und alles, was darin ist. Wenn einer helfen kann, so ist er es. Aber ich habe mich heute mit ihm verkracht. Ich habe ihm gesagt, dass ich nichts mehr mit ihm zu tun haben will. Wie könnte ich da zu ihm beten?"

Die Matrosen werden bleich vor Schreck.

„Dann sind wir verloren", klagen sie.

Jona schlägt die Hände vors Gesicht.

„Ich bin schuld an allem!", jammert er. „Ich habe euch das eingebrockt. Es wäre besser für euch, wenn ich euer Schiff nie bestiegen hätte."

Er stockt einen Augenblick, dann ruft er laut:

„Werft mich ins Meer! Vielleicht werdet dann wenigstens ihr gerettet!"

Matrosen zugeschoben werden: Jona selbst sucht den Tod. Werden damit Tendenzen gefördert, den Suizid als Ausweg aus der Ausweglosigkeit kennen zu lernen? Oder geht es hier eher um einen Opfertod: Jona opfert sein Leben, damit die anderen eine Chance bekommen, gerettet zu werden? Hier muss man in der Erzählung und im Gespräch viel Behutsamkeit walten lassen.

*6. Szene:*

*Die Rettung*

Das „Außenbild" der Rettung durch den Fisch ist kaum vorstellbar. Hier kommt es darauf an, beim Erzählen gerade nicht konkrete Vorstellungen zu wecken, sondern mit einem angedeuteten symbolischen Bild den deutenden Weg nach innen zu gehen. Die Rettung ist wie ein Traum – Urbilder der Geborgenheit und Wärme sollen geweckt werden.

Alles muss sich auf die „Innenseite" des Erlebens und dessen Deutung konzentrieren: Jona spürt, dass er lebt. Er weiß, dass Gott ihn gerettet hat. Ihm wird rückblickend bewusst, dass Gott auch im Sturm bei ihm war. Er lernt Gott von einer ganz neuen Seite kennen.

In der Form eines poetischen Gebets, dem biblischen Text Jona 2 entsprechend, werden die neuen Gefühle und Einsichten zur Sprache gebracht.

*7. Szene:*

*Auf nach Ninive*

Noch einmal geht es um die Grundentscheidung bei dieser Erzählung: Gott setzt sich nicht durch, zwingt Jona nicht seinen Willen auf, sondern Jona nimmt aus freien Stücken den Auftrag an.

Die Matrosen schauen ihn erschrocken an.

„Wir können dich doch nicht ins Meer werfen. Du würdest elend ertrinken. Nein, das dürfen wir nicht."

Sie gehen wieder an Deck und kämpfen von neuem gegen den Sturm und das Meer. Aber es nützt nichts. Wie eine Nussschale wird das Schiff von dem tobenden Meer umhergeworfen. Jona sieht die Angst der Matrosen.

„Ich will nicht, dass ihr meinetwegen alle umkommt!", schreit er gegen den Sturm. „Werft mich ins Meer!"

Die Matrosen wissen sich keinen anderen Rat. „Wenn du selbst es so willst", sagen sie. Doch vorher beten sie zu seinem Gott:

„Gott, wir kennen dich kaum, und wir müssen glauben, was Jona sagt, der dich besser kennt als wir. Verzeih uns, wenn wir jetzt etwas Schlimmes tun."

Dann packen sie Jona und werfen ihn ins Meer.

Als Jona wieder zu sich kommt, weiß er zuerst nicht, wo er ist. Dunkel ist es um ihn, eng und warm. Wie in einer Höhle. Er hört ein regelmäßiges, beruhigendes Pochen, wie das Schlagen eines Herzens.

Das ist etwas Lebendiges, denkt er und Hoffnung erwacht in ihm. Ein Tier, ein Meerungeheuer, das Gott mir geschickt hat, damit es mich aufnimmt und rettet. Gott? Ist es denn möglich, dass er mich trotz allem nicht im Stich lässt, dass er mir nicht böse ist, obwohl ich von ihm weggegangen bin? Auf einmal ist die Verzweiflung, die ihn im Sturm gequält hat, wie weggeblasen. Und vor lauter Freude fängt er an zu singen – ein Lied zu Worten, die ihm einfach so einfallen:

Gott, ich dachte, ich bin verloren, weit weg von dir.
Aber du bist da und hältst zu mir und bist mein Freund.
Ich dachte, ich muss vergehen vor Angst,
und jetzt kann ich singen vor Freude.
Ich dachte, in meinem Ärger wären wir für immer getrennt,
aber du hast mich nicht im Stich gelassen.
Du hast mich weggehen lassen
und hast mich doch weiterhin lieb gehabt.
Im Sturm fühlte ich mich so allein und verlassen,
dabei warst du auch da in meiner Nähe.
Ich sah den Tod als einzigen Ausweg
und du hast mir das Leben neu geschenkt.
Gott, ich danke dir!

Auf einmal spürt Jona einen Ruck. Ein Schwall Wasser erfasst ihn. Er rutscht und fliegt und fällt. Dann liegt er am Ufer im Sand, spürt die warme Sonne auf seiner Haut, räkelt und streckt sich.

Dass Gott so gut zu mir war, denkt er, das muss ich auch anderen erzählen, zum Beispiel den Menschen in Ninive! Und er steht auf und macht sich auf den Weg.

*Gesprächsimpulse*

- Konntet ihr verstehen, warum Jona weg wollte?
- Darf man eurer Meinung nach so mit Gott reden, wie es Jona getan hat?
- Jafo war für Jona wie eine neue Welt. Erzählt, welche Bilder *ihr* beim Zuhören in euch gesehen habt?
- Bei einer Reise ins Unbekannte mischen sich oft Abenteuerlust und Ängstlichkeit. Was habt ihr bei Jona gespürt?
- Erzählt, wie ihr die Not empfunden habt, in die Jona geraten ist!
- Kennt ihr das auch, dass man sich in einem Mauseloch vergraben möchte?
- Welchen Eindruck habt ihr von den Matrosen gewonnen?
- War Jonas Entscheidung, über Bord zu gehen, eurer Meinung nach richtig? Hätte es auch andere Lösungsmöglichkeiten gegeben?
- Erzählt davon, wie sich Jona im Bauch des Fisches gefühlt hat.
- Jona hat über Gott eine Menge dazugelernt. Erzählt!
- Die Jonageschichte ist so sicherlich nicht passiert. Könnt ihr euch denken, warum sie trotzdem wichtig ist für uns?

*Anregungen für die Freiarbeit*

**Jona**

Ihr könnt mit Instrumenten eine Klanggeschichte vom Selbstständig-Werden gestalten. Versucht zu jeder Szene auszudrücken, wie es in Jona klingt.

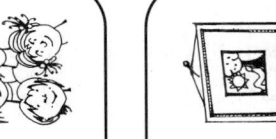  

**Jona**

Sieh dir das Bild genau an. Es ist nicht gemalt, sondern in Metall geformt. Stell dir vor, wie man dieses Bild mit den Händen fühlen kann. Versuche dich in die Bewegung des Jona hineinzuversetzen. Was sagt diese Bewegung? Teile deine Beobachtungen und Vermutungen auch den anderen mit.

## Jona

Kannst du dir vorstellen, wie Jona im Bauch des Fisches zumute ist? Male Jona im Bauch des Fisches. Versuche seine Gefühle in Farben auszudrücken.

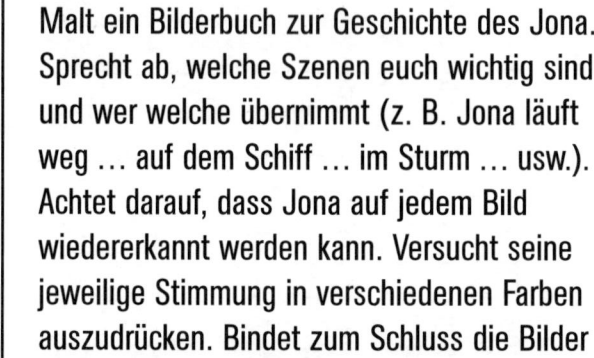

## Jona

Malt ein Bilderbuch zur Geschichte des Jona. Sprecht ab, welche Szenen euch wichtig sind und wer welche übernimmt (z. B. Jona läuft weg … auf dem Schiff … im Sturm … usw.). Achtet darauf, dass Jona auf jedem Bild wiedererkannt werden kann. Versucht seine jeweilige Stimmung in verschiedenen Farben auszudrücken. Bindet zum Schluss die Bilder zu einem Buch zusammen.

## Jona

Ihr könnt den Weg des Jona mit Tüchern und Symbolen gestalten, die von seinen Erfahrungen erzählen.

## Jona

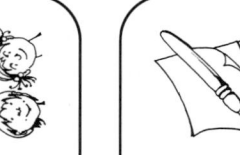

Schreibe einen Brief an Jona und teile ihm mit, was du ihm für seinen Neuanfang wünschst.

## Jona

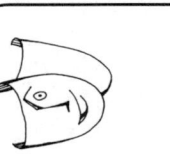

Spielt ein Interview mit Jona, in dem ihr ihn zu seinen Erfahrungen und Erlebnissen in den einzelnen Abschnitten seiner Lebensgeschichte befragt.

## Jona

Suche einen Psalm aus, den du gerne Jona mitgeben möchtest.
Überlege selbst, in welcher Situation er ihn begleiten soll.
Du kannst diesen Psalm in Schmuckschrift schreiben und ihn für Jona in ein Schatzkästlein legen.

## Jona

Du kannst die Abendgebete des Jona in einem kleinen Gebetbüchlein sammeln und dazu die Erlebnisse malen, die zu diesen Gebeten gehören.

## Jona

Gestaltet eine Pro-und-Contra-Diskussion:
Die eine Gruppe verteidigt Jona und sein Verhalten,
die andere Gruppe kritisiert ihn.

## Jona

Horche in Musikstücke hinein
und überlege dir,
welche zu den Erlebnissen des Jona passen.

## Jona

Ihr könnt pantomimisch ausdrücken,
was Jona in den einzelnen Abschnitten
seines Lebensweges empfindet.
Können die anderen in der Klasse erraten,
was ihr gerade spielt?

## Jona

Lausche einer stillen Musik und lasse dabei
deine Gedanken mit Jona wandern.
Vielleicht möchtest du ein Bild dazu malen.

## Jona

Ihr könnt eine Umfrage spielen, wie die
Menschen um Jona und die anderen in der
Klasse ihn erleben.

29  Karl Münch, Jona. Bronzerelief vom Portal des Großmünsters Zürich. Foto: Ernst Winizki, Zürich

# Ester

## Eine Frau rettet durch Mut und Klugheit ihr Volk – Gott verwirklicht seinen Plan

*Vorüberlegungen*

Diese Novelle gehört zu den in christlichen Kreisen eher unbekannten Schriften der Hebräischen Bibel, des Alten Testaments. Sie ist aber im Judentum umso mehr bekannt und geschätzt. Es geht in ihr um die Rettung der jüdischen Minderheit im persischen Reich vor Verfolgung und Vernichtung. Und es ist die Festgeschichte für das fröhliche Purimfest, in dem diese Rettung alljährlich gefeiert wird, mit Geschenken, Essen und Trinken, Spielen und Verkleiden. Wir entdecken in diesem kleinen Buch der Bibel mancherlei Parallelen zur Mose- und zur Josefsgeschichte. Ester muss sich an dem für sie fremden Königshof zurechtfinden und sie gewinnt dort eine hohe Stellung. Sie gerät vor die schwierige Herausforderung, in dieser Position zur Retterin ihres Volkes zu werden, was ihr auch durch ihren Mut und ihre Klugheit gelingt. Der große Unterschied zu den viel bekannteren beiden Erzählkreisen des Alten Testaments zu Mose und Josef besteht darin, dass hier von Gott ausdrücklich überhaupt nicht mehr die Rede ist. Gottes Wirken geschieht allein im menschlichen Geschehen, es ist gleichsam versteckt in den Fügungen, etwa dass der König zur rechten Zeit eine günstige Entscheidung trifft. Damit ist diese Geschichte nahe bei unseren Erfahrungen, in denen Gottes Eingreifen ja auch nicht unmittelbar erlebt wird, sondern wir Ereignisse in diesem Sinne deuten.

Kinder fühlen sich sicher von der großen Spannung gefesselt, die diese Geschichte durchzieht. Wird es Ester gelingen, den finsteren Absichten des Gegenspielers Hamann etwas entgegenzusetzen? Sie werden sich gerne mit Ester identifizieren, die in eine wichtige Rolle hineinwächst und durch ihren Mut und Verstand die Bedrohung abwenden kann. Mit Ester können sie ihre Wünsche und Fantasien von Größe, Ansehen und Gelingen verbinden. Und sie können so auch neue Erfahrungen mit Gott machen: dass Gott auch da wirkt, wo auf den ersten Blick gar nichts von ihm wahrzunehmen ist, auf den zweiten dafür umso mehr.

*Lernziele*

– Miterleben, wie Ester Großes gelingt,
– sich bewusst machen, wie unangenehme Ereignisse im späteren Rückblick eine andere Bedeutung gewinnen können,
– entdecken, dass Gottes Wirken inmitten menschlichen Wirkens erkannt werden kann,
– eine für das Selbstverständnis des Judentums und seine Festpraxis wichtige biblische Geschichte kennen lernen.

## Kommentar

*1. Szene:*

*Mordechai erzählt*

Im ersten Abschnitt werden die Personen der Geschichte vorgestellt – aber erst, nachdem die beiden Dialogpartner in Aktion getreten sind. So werden die Informationen wenigstens andeutungsweise in die Erzählung einbezogen. Sie ließen sich wohl alle in weiteren Szenen erzählerisch aufbereiten (z. B. ein Besuch im Palast des Königs oder: Mordechai und seine Freunde treffen sich und erzählen von früher usw.), aber darauf wurde um der gebotenen Kürze der Erzählung willen verzichtet.

Den ersten Teil der Ester-Geschichte erzählt Mordechai rückblickend. Dabei kann die Hauptperson Ester schon ins Spiel kommen, mit ihrem Interesse, ihren Fragen und auch ihren Gefühlen. Die Zuhörenden ahnen schon, dass sie in dieses Geschehen bald selbst eintreten wird. Zugleich wird über die für das weitere Verständnis wichtige absolute Macht des Königs – auch über seine nächsten Mitmenschen – informiert.

Mit der Suche nach der neuen Königin spitzen sich die geweckten Vermutungen und auch Befürchtungen weiter zu.

*2. Szene:*

*Die Boten des Königs bringen die Veränderung für Ester*

Das Vermutete tritt ein. Ester hat Angst davor. Kinder finden sich in Ester mit ihren eigenen Ängsten wieder, aus dem vertrauten Umfeld herausgerissen zu werden. Wie Ester müssen auch sie sich oft solchen Zwängen fügen.

## Erzählanregung

„Heute war wieder ein großes Fest im Königspalast", erzählt Mordechai seiner Cousine Ester. „König Xerxes hat einen Staatsempfang gegeben. Prächtig muss es dort zugegangen sein, wie immer, wenn er Gäste hat."
Wer sind Mordechai, Ester und der König Xerxes?
*König Xerxes* ist Herrscher über das riesige persische Reich, zu dem viele Länder gehören. Er wohnt an verschiedenen Orten. Gerne hält er sich in Susa auf, wo er eine seiner königlichen Residenzen hat und oft rauschende Feste feiert.
*Mordechai* ist ein Nachkomme der Juden, die vor über 100 Jahren aus Jerusalem vertrieben und in Babylonien angesiedelt wurden. Für seine Vorfahren waren es schlimme Zeiten gewesen, aber Mordechai fühlt sich wohl in Susa. Dazu trägt auch bei, dass er in der königlichen Residenz eine gute Stelle hat.
*Ester*, eine junge Frau, ist seine Cousine. Als sie ihre Eltern verlor, nahm Mordechai sie in sein Haus auf.

„Stell dir vor, was bei dem Fest in der Residenz passiert ist", erzählt Mordechai, als er mit Ester beim Abendessen zusammensitzt. „Der König wollte seinen Gästen wieder einmal zeigen, wie reich und mächtig er ist. Und dann hat er auch die Schönheit seiner Frau gerühmt, bis alle die Königin sehen wollten. Er hat sie rufen lassen, aber sie kam nicht. Stell dir vor, sie kam einfach nicht! Der König hat nach dem Fest geschrien und getobt. Das ist Majestätsbeleidigung, soll er gerufen haben. Und dann hat er noch am gleichen Tag die Königin für abgesetzt erklärt und verstoßen."
„Kann der König seine Frau einfach wegschicken?", fragt Ester.
„Ja", antwortet der Vetter. „Der König hat die Macht. Er allein befiehlt, was zu geschehen hat. Wenn er gut gelaunt ist, macht er seinen Freunden riesige Geschenke, aber wenn er schlecht gelaunt ist und sich ärgert, kann er seine besten Freunde zugrunde richten."
Hoffentlich habe ich nie etwas mit diesem König zu tun, denkt Ester.
Mordechai erzählt weiter: „Jetzt wird überall im Land nach einer neuen Königin gesucht. Die schönsten Frauen werden zum Königspalast gebracht. Aus ihnen kann sich dann der König seine neue Frau aussuchen."
Er sieht Ester an. Dann sagt er leise: „Ester, du bist sehr schön!"
Wenn andere das zu ihr sagen, freut sie sich. Aber jetzt erschrickt sie.

Während sie noch miteinander reden, klopft es an der Tür. Es sind Boten des Königs. Sie reden mit Mordechai. Ester tritt hinzu und der eine Mann sagt zu ihr: „Befehl des Königs: Du musst in den Palast kommen!"
„Wer weiß", sagt der andere und sieht sie bewundernd an, „vielleicht wirst du die neue Königin. Das wäre doch großartig für dich!"
Doch für Ester ist das eine schlechte Botschaft. Sie soll in diese fremde Welt des Königshofs eintreten? Als die Boten weg sind, redet sie auf Mordechai ein: „Was soll ich denn dort? Ich kenne doch niemand. Und was ist, wenn ich einen Fehler mache? Ach, Mordechai, ich möchte hier bleiben!"
Mordechai ist auch erschrocken. Aber er sagt: „Ester, du kannst diesen Befehl nicht missachten! Du musst hin!"

*3. Szene:*

*Abschied von Mordechai*

Nochmals geht es um die Angst vor dem Neuen. Zugleich transportiert diese Abschiedsszene eine Fülle von Informationen für den weiteren Fortgang des Erzählgeschehens: Der zweite Hauptstrang der Novelle, die Auseinandersetzung zwischen Hamann und Mordechai, der im biblischen Text zunächst getrennt vom ersten erzählt wird, kann so in die Geschichte von Ester integriert werden.

Obwohl von Gott im Buch Ester selbst nicht die Rede ist, wird er im Erzählvorschlag eingebracht – auf der Ebene der persönlichen Beziehung zu ihm, die im Gebet ihren wohl wichtigsten Ausdruck findet. Das ist die Voraussetzung, von der aus Gottes Wirken im menschlichen Handeln überhaupt deutend erkannt werden kann. Weil diese Basis für die heutigen Zuhörenden nicht selbstverständlich ist, wird sie hier eingebracht. Im Gebet wird auch schon verdeutlicht, wie Gottes Wirken geschieht: „Hilf mir, das Richtige zu tun!"

Bevor sich Ester am nächsten Tag auf den Weg zum Königspalast macht, ermahnt Mordechai sie eindringlich: „Sag niemandem, dass du eine Jüdin bist! Es gibt einflussreiche Leute im Königspalast, die uns Juden nicht leiden können. Wir hätten hier in Persien nichts zu suchen, sagen sie. Und wenn einer von uns reich wird und es zu etwas bringt, sind sie neidisch. Darum ist es am besten, möglichst gar nicht aufzufallen. Und noch eins: Hüte dich vor dem Minister Hamann. Der meint es nicht gut mit uns Juden."

Mordechai umarmt Ester zum Abschied.

„Mit meinen Gedanken und meinen Gebeten bin ich bei dir!", sagt er. „Gott wird seine Hand über dir halten. Vielleicht hat er ja etwas ganz Bestimmtes mit dir vor!"

Ester nickt gehorsam. Aber sie hat Angst.

„Lieber Gott", betet sie, „warum muss ich in den Königspalast gehen? Lass mich bitte nicht allein! Und zeige mir, wie ich mich verhalten muss! Und wenn du mit mir etwas vorhast und es für mein Volk gut sein soll, dann hilf mir, dass ich es auch tun kann!"

Dann wird sie ruhiger und macht sich innerlich gefasst auf den Weg.

*4. Szene:*

*Die neue Welt des Königshofs*

Wiederum stehen wichtige Informationen im Vordergrund. Wer mag, kann dabei auch von Esters Gefühlen der Erleichterung erzählen. Die bestimmende Linie aber bleibt weiterhin das Fremde, Bedrohliche. Der zweite Erzählstrang (Mordechais Aufdeckung einer Verschwörung) wird hier auch wieder in den ersten integriert, mittels eines erdachten Briefs.

Das Verbot, eigenmächtig vor den König zu treten, wird die Spannung später auf den Höhepunkt treiben.

Der Königspalast ist wie eine andere Welt. Alles glänzt in Silber und Gold. Ester wird für die Begegnung mit dem König vorbereitet. Sie bekommt prächtige Kleider, Schmuck, und alle behandeln sie ehrerbietig.

„Du sollst dich bei uns wohlfühlen", sagen sie. „Dann bist du noch schöner!" Nach einiger Zeit wird sie dem König vorgestellt. Der ist gleich begeistert von ihrer Schönheit und ihrer freundlichen Art.

„Du sollst meine neue Frau sein!", bestimmt er.

Nun lebt Ester im Königspalast. Sie hat Dienerinnen und Diener. Jeder Wunsch wird ihr sofort erfüllt. Nach einiger Zeit bekommt sie einen Brief von ihrem Cousin Mordechai. Sie freut sich sehr. Aber Mordechai erzählt nichts von zu Hause. Er schreibt, dass er zwei Männer belauscht hat. Sie sprachen davon, dass jemand ihnen den Auftrag gegeben hätte, den König umzubringen. Mordechai beschreibt die beiden Männer genau.

„Ich möchte nicht auffallen, du weißt schon warum", schreibt er. „Gib du bitte die Informationen weiter!"

Das tut Ester. Die beiden Männer werden verhaftet und der Vorfall wird samt dem Namen des Zeugen Mordechai in die Akten eingetragen. Alles geschieht ohne großes Aufhebens.

Es dauert eine Weile, bis Ester sich in der fremden Welt des Königshofs zurechtfindet. Die Regeln, die hier gelten, muss sie erst lernen.

*5. Szene:*

*Königin Ester vor einer schweren Entscheidung*

Wieder geht es zunächst um das Einbeziehen des anderen Erzählstrangs. Es bietet sich an, dass Ester von anderen von den Plänen Hamanns hört. So kann zugleich erzählt werden, was das bei ihr an Befürchtungen, Ängsten, Sorgen, Erwägungen auslöst. Der zweite Erzählstrang wendet sich jetzt ganz zugunsten Hamanns und umgekehrt zur Not Esters und ihres Volks.

Jetzt muss die Erzählhandlung bei Ester weitergehen. Vorbereitet wird dies durch ihr Gebet, durch das Erleben ihrer Hilflosigkeit, durch das Drängen des Vetters.

Die Erzählung ist jetzt ganz bei Ester und ihrem Ringen um den richtigen Entschluss. Dass sie im Gebet Begleitung und Rat Gottes sucht, soll wieder Praxis des Glaubens zugänglich machen. Im Erzählvorschlag wird versucht, die Gefühle der Ester in Handlung umzusetzen, v. a. in Bewegungen, um sie so erzählbarer zu machen. Auf der Gedankenebene stehen die Alternativen für ihr Tun noch hart nebeneinander. Mit dem Entschluss löst sich die Spannung bei ihr und verlagert sich nun ganz auf das Geschehen beim König.

„Was Euer Majestät unbedingt beachten muss", erklärt der Zeremonienmeister, „ist, dass Ihr nie ungerufen vor den König treten dürft. Das ist genauso schlimm, wie wenn Ihr Euch weigern würdet, zu ihm zu kommen. Der König kann jede Übertretung dieser Regel mit dem Tod bestrafen!"
Ester erschrickt. So glanzvoll das Leben hier ist, so gefährlich ist es auch. Immer wieder muss sie an das denken, was Mordechai ihr erklärt hat: Sie erzählt niemandem, dass sie Jüdin ist. Aber in der Stille betet sie zu ihrem Gott.

Eines Tages erzählt ihr eine Dienerin Neuigkeiten:
„Stellt Euch vor, Königin, da gibt es Menschen bei uns im Land, die Juden, die den König nicht ehren! Minister Hamann hat das laut im Palast verkündet."
Ester zeigt nicht, dass sie erschrickt. Sie schweigt.
Noch am selben Tag aber hört sie mit eigenen Ohren, wie Hamann erzählt: „Ihr wisst doch, dass ich ein kleines Götterbild bei mir trage. Und deshalb habe ich befohlen, dass sich alle vor mir, – äh – vor meinem Götterbild verneigen müssen. Aber die Juden, die tun das nicht. Das ist Landesverrat! Einer von ihnen, Mordechai heißt er, hat mir sogar frech ins Gesicht gesagt, dass Juden sich vor keinem Götterbild verneigen, sondern nur vor dem *einen* Gott. Ich bin natürlich gleich zum König gegangen und er hat mir erlaubt, alle Juden, die ich erwische, einsperren zu lassen. Jetzt könnt ihr erleben, was wir mit den Juden machen! Die werden sich schon noch wundern! Der König ist ganz auf meiner Seite!"

Ester würde am liebsten gleich zu Mordechai laufen und alles mit ihm bereden. Aber das kann sie jetzt nicht tun. Um sich selbst hat sie keine Angst, denn niemand im Palast weiß, dass auch sie Jüdin ist. Aber um Mordechai, ihre Freunde, ihr ganzes Volk macht sie sich große Sorgen.
In der Stille betet sie zu Gott: „Lieber Gott, hilf uns doch! Zeig mir, was ich tun kann!"
Am nächsten Tag bekommt sie im Geheimen wieder einen Brief von Mordechai. Ganz verzweifelt schreibt er: „Liebe Ester, ich weiß nicht, wie es mit uns Juden weitergehen soll. Vielleicht hat Gott gewollt, dass du Königin wirst, um uns zu retten! Du musst etwas für uns tun! Dein dich liebender Vetter Mordechai."

Jetzt ist Ester ganz verzweifelt. Sie überlegt hin und her.
„Wenn ich ungerufen zum König gehe, kann mich das mein Leben kosten. Und wenn der König erfährt, dass ich Jüdin bin, auch. Damit wird die Gefahr für mein Volk nur größer. Aber vielleicht hat Mordechai Recht, dass Gott etwas mit mir vorhat."
Unruhig geht sie in ihrem Zimmer auf und ab, presst die Hände zusammen, denkt nach, schüttelt den Kopf, überlegt von neuem. Und immer wieder betet sie: „Gott, hilf mir! Zeige mir, was ich tun kann!"
Dann hat sie ihren Entschluss gefasst. Jede Einzelheit hat sie sich immer wieder genau überlegt.
„Meldet mich beim König!", ordnet sie ruhig und bestimmt an.
Die Ratgeber des Königs werden bleich vor Schreck und wehren ab:

*6. Szene:*

*Beim König*

In der ersten glücklichen Wendung führt Esters Mut zum Erfolg. Alle atmen erleichtert auf. Aber jetzt erst öffnet sich der Raum für Esters kluges Agieren, von dem der gute Ausgang abhängt. Warum eigentlich packt Ester nicht die Gelegenheit beim Schopf und fordert vom König den Schutz der Juden? Sie würde ihn dadurch in eine unangenehme Zwickmühle bringen, denn er hatte ja auch Hamann sein Wort gegeben. Das Abendessen aber gibt ihr Spielraum, behutsamer beim König eine andere Sicht der Dinge anzuregen – so, dass er dann selbst aus eigener Einsicht handeln kann.

*7. Szene:*

*Das erste Abendessen*

In diesem Sinne wird im Erzählvorschlag Ester als kluge Gesprächsteilnehmerin gezeichnet. Sie will beim König eine andere Sicht der Dinge anbahnen. Ihre Klugheit schützt sie vor Ungeduld, die alles zerstören könnte. Im biblischen Text kommen in diesem Zusammenhang deutlich weisheitliche Traditionen zur Geltung.

*8. Szene:*

*Das zweite Abendessen*

Erstaunlicherweise ist die entscheidende Wende inzwischen schon geschehen. Im Erzählvorschlag wird zuerst noch die Neugier daraufhin geweckt. Dann wird sie aufgedeckt. Wer hat die Wende bewirkt? Ester mit ihrer klugen Vorbereitung? Ein Zufall, der den

„Bitte nicht! Das kann Euch das Leben kosten! Wir haben schon genug Ärger im Palast mit den Juden! Der König ist jetzt unberechenbar!"
Aber Ester gibt nicht nach.

Mit klopfendem Herzen erscheint sie vor dem König. Freundlich schaut sie ihn an, obwohl sich in ihr alles zusammenschnürt vor Spannung. Wie wird er reagieren? Dann sieht sie ein Lächeln auf seinem Gesicht und hört ihn sagen:
„Nun, meine Königin, ich sollte dich wirklich öfter sehen! Wünsch dir etwas, ich werde dir jeden Wunsch erfüllen!"
Ein Stein fällt ihr vom Herzen, sie könnte springen vor Erleichterung. Jetzt nur keinen Fehler machen, denkt sie. Würdevoll und freundlich sagt sie zum König:
„Mein Wunsch ist, dich und Hamann zu einem festlichen Essen in meinen Gemächern einzuladen!"
„Diesen Wunsch erfülle ich gerne!", antwortet der König und lächelt.

Das Abendessen mit dem König und mit Hamann verläuft in gelöster Stimmung. Der König ist gut gelaunt. Auch Hamann ist fröhlich. Nach einigen Bechern Wein erzählt er:
„Die Juden werde ich das Fürchten lehren! Dem Mordechai habe ich schon das Todesurteil ausgestellt!"
Der König nickt. Er findet das ganz in Ordnung. Ester lässt sich nichts anmerken, obwohl sie ihre innere Spannung kaum aushält.
„Manche Juden haben aber schon wertvolle Dienste für den König erbracht, Hamann! Das solltet Ihr nicht übersehen!", sagt sie leichthin.
Der König schaut auf, er hat es gehört. Ester lächelt ihn an. Hat er verstanden, was sie meint? Mehr zu sagen wäre gefährlich. Sie hofft inständig, dass er über ihre Worte nachdenkt.
Am Ende des Abends sagt der König: „Es war schön, meine Königin, bei dir zu Gast zu sein. Zum Dank hast du einen Wunsch frei!"
„Mein größter Wunsch ist, euch beide morgen Abend wieder bei mir begrüßen zu dürfen!"
Der König stimmt fröhlich zu.

Der nächste Abend verläuft wie der Abend zuvor. Der König ist wohlgelaunt. Aber Hamann ist auffallend still.
„Na, mein guter Hamann", sagt der König und klopft ihm auf die Schultern, „hast du meinen Befehl für Mordechai auch ordentlich ausgeführt?"
Ester wartet gespannt.
„Meine liebe Ester", fährt der König fort, „deine Worte von gestern waren eine gute Anregung! Ich habe mir heute Nacht, als ich nicht schlafen konnte, die Akten bringen lassen über die Personen, die sich um den König verdient gemacht haben. Und da bin ich doch auf den Mordechai gestoßen.

schlaflosen König nach den Akten greifen ließ? Oder Gott, der es gefügt hat, dass es so geschah? Ester hat nicht nur durch eigenen Mut und eigene Klugheit Erfolg, sondern die Konstellationen werden auch noch von anderer Seite her gesetzt: Glaubende Menschen verstehen dies als Gottes Werk.

Aber die Konstellationen brauchen andererseits die aktive Füllung und Gestaltung durch Menschen: Ester spürt jetzt die Gunst der Stunde. Sie trägt ihr Anliegen vor, erläutert dem König ihre Sicht der Dinge und weitet so seinen Blick. Der Erzählvorschlag klammert aus, dass Hamann an demselben Galgen gehenkt wurde, an dem er eigentlich Mordechai zu Tode bringen wollte. Oder sollten die Kinder wirklich Gelegenheit bekommen, ihre Rachegefühle auszuleben?

*9. Szene:*

*Große Freude*

Viel wichtiger scheint es doch, der Freude Ausdruck zu geben. Die Szene beginnt bei Ester und Mordechai im Palast und öffnet sich dann auf die Freudenfeste der Juden im ganzen Land hin. Damit wird unausgesprochen schon das Purimfest ins Spiel gebracht. Am Ende steht noch einmal die Deutung des Glaubens, die in all den menschlichen Zusammenhängen Gottes Wirken entdeckt.

Stell dir vor, der hat mir einmal das Leben gerettet, indem er eine Verschwörung gegen mich aufdeckte! Und er war so bescheiden, dass alle das wieder vergessen haben."

Er sieht den Minister an und runzelt die Stirn.

„Hamann, Hamann", sagt er, „da hättest du beinahe einen ganz großen Fehler gemacht! So etwas darf dir nicht ein zweites Mal passieren!"

Jetzt spürt Ester, dass es an der Zeit ist, ihr Anliegen vorzubringen. Sie atmet tief und erzählt dem König, was Hamann gegen das Volk der Juden angezettelt hat. Sie sagt auch frei heraus, dass sie selbst eine Jüdin ist.

Aufmerksam hört der König ihr zu. Dann wendet er sich an Hamann und sagt in strengem Ton: „So hast du also deine Amtsgewalt missbraucht. Du hast mich mit falschen Behauptungen dazu verleitet, die Verordnung gegen die Juden auszustellen, weil du selbst die Juden hasst! Du hast mich getäuscht! Das verzeihe ich dir nicht! Ich will von dir nichts mehr wissen! Fort mit dir!"

Am nächsten Tag lädt Ester ihren Cousin Mordechai in den Palast ein. Jetzt braucht sie nichts mehr geheim zu halten. Überglücklich erzählen die beiden einander, was sie erlebt haben.

Durch die Fenster sehen sie, wie Boten in alle Himmelsrichtungen hinausreiten.

„Die tragen die neue Verordnung des Königs in alle Teile des Landes", erklärt Ester. „Dass unser Volk geschützt ist."

In der Hauptstadt und im ganzen Land halten die Juden Dankgottesdienste ab und feiern ein großes Freudenfest, bei dem viel gelacht und gesungen wird. Die Kinder verkleiden sich als Hamann, vor dem sie sich zuerst fürchten und den sie dann auslachen.

„Ich danke dir, mein Gott", betet Ester, „dass es so gekommen ist. Ich danke dir, dass du mir die richtigen Worte zur rechten Zeit gegeben hast. Ich danke dir, dass es uns wieder gut geht!"

*Gesprächsimpulse*

- Erzähle davon, wo deine Spannung am größten war!
- Ester war mutig und klug. Erzähle, wo du diesen Mut und diese Klugheit ganz besonders gespürt hast!
- Außer in den Gebeten der Ester ist in dieser Geschichte von Gott überhaupt nicht die Rede. Hast du gespürt, ob überhaupt bzw. wo Gott am Werk war?
- Was meinst du, wofür Ester Gott ganz besonders dankbar war?
- Kannst du dir vorstellen, warum diese Geschichte in jüdischen Familien zu einem Fest wurde, das bis heute jährlich gefeiert wird?

**Ester**

Mordechai möchte Ester gerne etwas mitgeben, das ihr am fremden Königshof Mut macht. Was könnte das sein?
Möchtest du so ein Mutmach-Symbol suchen, aus Ton formen, aus Pappe schneiden oder malen?

*Anregungen für die Freiarbeit*

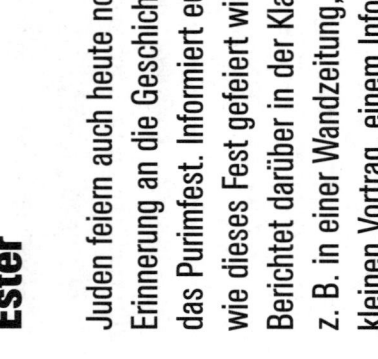

**Ester**

Juden feiern auch heute noch ein Fest zur Erinnerung an die Geschichte von Ester, das Purimfest. Informiert euch darüber, wie dieses Fest gefeiert wird.
Berichtet darüber in der Klasse, z. B. in einer Wandzeitung, einem kleinen Vortrag, einem Info-Blatt.

**Ester**

Ester ist eine besondere Frau. Stellt euch vor, ihr solltet einen Steckbrief von ihr verfassen. Wie würdet ihr sie beschreiben?

## Ester

Ester hat immer wieder Grund für ein Gebet. Suche dir die wichtigsten Situationen aus. Vielleicht möchtest du ein Ester-Gebetbüchlein zusammenstellen. Könnte es auch dein Gebetbüchlein werden?

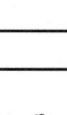

## Ester

Diese Erzählung ist eine Geschichte vom Wirken Gottes.
Diskutiert in der Gruppe diese Fragen:
Kommt Gott in der Geschichte vor?
Was tut Gott?
Wo ist etwas von seinem Wirken spürbar?
Berichtet von euren Ergebnissen.

## Ester

Die Estergeschichte wurde ursprünglich auf einer Schriftrolle niedergeschrieben. Habt ihr Lust, euch eine eigene Schriftrolle herzustellen? Dazu könnt ihr auf einem langen Papierstreifen die wichtigsten Ereignisse in wenigen Sätzen zusammenfassen und aufschreiben.
Mit Hilfe von zwei Holzstäben könnt ihr daraus eine Schriftrolle basteln.

## Ester

Endlich frei von Angst! Viele aus dem Volk der Juden interessieren sich dafür, was im Palast wirklich geschehen ist. Ihr könnt ein Interview vorbereiten, in dem ihr verschiedene Personen zum Geschehen befragt. Wenn ihr Lust habt, könnt ihr das Interview mit dem Rekorder aufnehmen.

## Ester

Wenn Ester heute leben würde, bekäme sie sicher viel Post von Menschen, die von ihr beeindruckt sind. Schreibe einen Brief an sie.

## Ester

Ihr könnt die Geschichte verklanglichen. Welche Instrumente werdet ihr für die Gestalten der Geschichten aussuchen?

## Ester

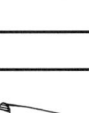

Überlegt, welche Szene der Geschichte wohl am wichtigsten ist. Spielt sie den anderen als Pantomime vor. Sprecht mit euren Mitschülern darüber, warum ihr diese Szene ausgewählt habt.

## Ester

GOTT WIRKT DURCH MENSCHEN.
Vielleicht entdeckst du heute, auf die dieser Satz zutrifft. Du kannst aus Fotos, Bildern, Texten, eigenen Sätzen eine Collage zu diesem Satz gestalten.

# Heilung des Aussätzigen
(Markus 1,40–44)

## Aus der Gemeinschaft ausgeschlossen sein – in die Gemeinschaft neu aufgenommen werden

*Vorüberlegungen*

In dieser kurzen Heilungsgeschichte am Anfang des Markusevangeliums kommt viel von dem zur Geltung, was für Jesu Wunderwirken kennzeichnend ist: Das große Zutrauen des Kranken zu Jesus und dessen freundliche Zuwendung zu ihm. Dieser Kern der Geschichte aber braucht einen Erzählrahmen, der die Not des Kranken vor Augen stellt. In solch einer Vorgeschichte muss das Verständnis dafür vorbereitet werden, dass es bei Jesu Heilen nicht um einen medizinischen Eingriff geht, sondern um ganzheitliche Zuwendung. Aussatz steht dann auch für das Ausgesondertsein, für Isolierung, Alleinsein, Einsamkeit, für demütigende Erfahrungen der Zurückweisung. Indem sich Jesus dem Aussätzigen zuwendet, durchbricht er die Mauer der Abgrenzung – so fängt die Gesundung an.

Nicht berücksichtigt wird in der Nacherzählung das seltsame Verhalten Jesu nach der Heilung. Es ist von einem theologischen Grundzug des Markusevangeliums her zu erklären. Sein Kennzeichen ist, dass Jesus selbst das Bekanntwerden seines Wirkens und seiner Vollmacht samt damit verbundener Verehrung durch die Menschen abgewehrt hätte. Denn das hätte ihn daran hindern können, den Weg ans Kreuz zu gehen. Dieser Gedanke kann hier vernachlässigt werden.

Den Aussatz als medizinisches Phänomen kennen die Kinder wohl kaum, aber umso mehr die Situation des Ausgegrenztseins als psychische Belastung. Erfahrungen des Ausgeschlossen-Werdens und der Stigmatisierung gehören zu ihrem Alltag. Indem diese Geschichte solchen Erfahrungen einen Gegenakzent gegenüberstellt, kann sie zu einem Zeichen der Hoffnung werden: Es gibt auch das Andere, das Aufbrechen des Trennenden. Biblisch-christliche Überlieferung ist reich an solchen Hoffnungsgeschichten und -bildern, die mit ihrem wunderbaren Inhalt gegen die Alltagserfahrungen stehen. Sie sollten allerdings in das Weltbild der Kinder passen, d. h. keine märchenhafte Sonderwelt bilden. So wie Jesus mit seiner Zuwendung den Kranken beschenkt, sind solche Geschichten auch für Kinder „Hoffnungsgeschenke", die sich nicht bloß in moralischen Appellen erschöpfen sollten, sich um die Ausgestoßenen zu kümmern.

*Lernziele*

- Nachempfinden, was es heißt, ausgegrenzt zu sein,
- nachempfinden, wie der Aussätzige durch seine Begegnung mit Jesus aus seiner Isolation befreit wurde,
- entdecken, dass Jesu Zuwendung Menschen an Leib und Seele heilt,
- sich bewusst werden, dass biblische Wundergeschichten als Hoffnungsgeschichten im Kontrast zu vielen alltäglichen Erfahrungen stehen.

| **Kommentar** | **Erzählanregung** |

*1. Szene:*

*Im Weinberg*

Die Hauptperson wird den Kindern bekannt gemacht. Mit der erfundenen Umgebung wird das ins Spiel gebracht, was Dan später durch seine Krankheit verlieren wird: das freundschaftliche Miteinander mit den anderen. Weil dies so wichtig ist, wird es gleich durch eine kleine Szene am Feierabend verstärkt.

Seit er sich erinnern kann, lebt Dan in dem Dorf am See Gennesaret. Er arbeitet in den Weinbergen. Die Arbeit ist mühsam und anstrengend. Weinstock um Weinstock muss er mit dem Rebmesser beschneiden, damit sich die Fruchtansätze gut entwickeln können. Da tut der Rücken oft weh. Und in der Sommerhitze gibt es kaum Schatten.

Umso mehr freut sich Dan auf die Pausen. Da sitzt er dann mit den anderen zusammen. Sie verstehen sich gut. Sie schwatzen miteinander und tauschen Neuigkeiten aus. Dan ist ein fröhlicher, geselliger Mann.

Auch am Abend, wenn die Arbeit getan ist, bleibt er nicht gern allein. Er trifft sich mit seinen Nachbarn. Es gibt immer etwas zu erzählen – von der Familie, von der Arbeit …

Wenn einer ihn fragt: „Gefällt dir dein Beruf?", dann sagt er: „Er ist anstrengend. Aber mit meinen Kumpels verstehe ich mich gut und das ist für mich das Wichtigste!"

*2. Szene:*

*Unangenehme Entdeckung*

Hier geht es um den Hintergrund der Krankheit. Statt sie zu erklären, wird sie in den Handlungszusammenhang integriert. Damit kann zugleich die Angst erzählt werden, die sich in Dan breit macht.

Eines Morgens beim Waschen entdeckt Dan ein paar Flecken auf seiner Haut.

‚Ach, die werden schon wieder vergehen', denkt er. ‚Es wird schon nichts Schlimmes sein.'

Aber dann erinnert er sich an einen Nachbarn, der vor ein paar Jahren an Aussatz erkrankt ist. Das fing bei dem auch mit Flecken auf der Haut an. Damit er niemanden ansteckte, musste er das Dorf verlassen und durfte nicht mit anderen Menschen zusammenkommen.

‚Bloß das nicht', denkt Dan beunruhigt. ‚Alles, bloß das nicht!'

Im Weinberg rückt die soziale Dimension der Krankheit ganz in den Vordergrund. Die Kinder sollen mitverfolgen können, wie die Hauptperson unter dem entstehenden sozialen „Aussatz" leidet. Das kann sehr anschaulich werden.

Bei der Arbeitspause im Weinberg, als seine Kollegen und er wie immer beisammensitzen und essen und trinken, schaut ihn einer plötzlich aufmerksam an und sagt: „Du hast ja Flecken auf dem Rücken! Wenn das bloß nicht …"

Er bricht ab, redet nicht weiter. Aber die fröhliche Stimmung ist plötzlich vorbei. Die anderen schauen auf einmal ganz komisch zu Dan her. Und als die Pause zu Ende ist, tuscheln ein paar miteinander. Dan spürt, dass sie über ihn reden, aber er weiß nicht, wie er sich verhalten soll.

Auf einmal ist alles anders als vorher. Dan hat das Gefühl, dass die anderen von ihm abrücken. Wenn er einen anspricht, sagt der verlegen ein paar freundliche Worte und geht gleich wieder weg. Es ist, als ob sich auf einmal eine unsichtbare Wand zwischen Dan und seine Arbeitskollegen geschoben hätte.

Den Rest des Tages arbeitet Dan alleine in einer Reihe. Die anderen haben sich ein paar Reihen weiter Arbeit gesucht. Auf dem Heimweg ruft ihm einer der Freunde zu: „Du solltest zum Arzt gehen! Du weißt ja, Aussatz ist ansteckend!"

Auch hier soll wieder die zweite Szene zu Hause die eingetretene soziale Isolation verdeutlichen.

Dass mit Dan etwas nicht in Ordnung ist, muss sich wie ein Lauffeuer herumgesprochen haben. Jedenfalls sitzt von den Nachbarn heute niemand vor dem Haus. Dan ist allein mit sich und seiner Angst.

‚So schnell geht das also', denkt er.

*3. Szene:*

*Unterwegs*

Die nötigen sachlichen Details werden verbunden mit Gefühlen des Dan. Sie liefern die Handlungselemente, in die hinein, vor allem mit den Monologen, erzählt werden kann, wie Dan den Aufbruch in die Isolation erlebt.

Zugleich werden mit der Sehnsucht des Dan schon die Wegweiser auf die heilvolle Wendung hin aufgestellt und bei den Kindern die entsprechenden Erwartungen geweckt. Sie ahnen und wissen, dass sich die Geschichte zum Guten hin bewegen wird. Aber auch diese Sehnsucht wird ganz in der psychischen Dimension artikuliert, um Verengungen auf bloße medizinische Heilung auch weiterhin vorzubeugen.

*4. Szene:*

*Bei Jesus*

Damit die Geschichte nicht zu kompliziert wird, wird auf die Aufnahme des Dan im Dorf der Aussätzigen verzichtet. So bleibt das Motiv der Isolation auch klarer fassbar. Die Szene der Begegnung mit Jesus wird als eher zufällige Begegnung erzählt. Was Dan von Jesus wissen muss, wird hier durch die erzählte Beobachtung aus der Ferne eingebracht. Sie weckt bei Dan den Willen, sich Jesus zu nähern.

Nun kann anschaulich erzählt werden, wie Jesus die Mauer der Isolation durchbricht, sich Dan zuwendet, ihn heilt. Großes Gewicht haben die deutenden Sätze. Wie können sie erzählt werden, damit sie nicht zu theologisch-künstlich wirken und doch die Botschaft Jesu vom Reich Gottes, von Gottes Nähe ganz elementar aussagen? Mit Hilfe des Dialogs wird dies hier versucht.

In einem zweiten Kreis werden auch die anderen in die Heilungsgeschichte einbezogen, indem auch sie die Isolation aufheben. An deren Stelle könnte auch eine Szene treten, wie Dan wieder in die Dorfgemeinschaft aufgenommen wird.

Am nächsten Tag geht Dan zum Arzt. Der schaut ihn nur an und erkennt sofort, dass er Aussatz hat. Er erklärt ihm, was er jetzt zu tun hat. Dann schickt er ihn schnell weg.

Dan geht nach Hause, packt ein paar Sachen zusammen und macht sich auf den Weg. Sein Ziel ist das Tal der Aussätzigen. Niemand spricht ihn an, als er sein Heimatdorf verlässt. Bekannte, die ihm entgegenkommen, weichen ihm aus. Sie tun es so, dass er es nicht merken soll. Aber er merkt es doch. ‚Für die bin ich jetzt wie Gift', denkt Dan bitter. ‚Alle ekeln sich jetzt vor mir. Und ich muss andere Menschen sogar vor mir warnen, damit sie mir nicht zu nahe kommen und sich anstecken.'

Das hat ihm der Arzt aufgetragen. Als zwei Unbekannte auf ihn zukommen, ruft er deshalb laut: „Vorsicht, unrein!" Erschrocken laufen beide auf die andere Seite.

‚Gibt es denn niemanden, der vor mir und meiner Krankheit keine Angst hat?', denkt Dan. ‚Ich kann doch noch reden! Ich kann hören und sehen. Ich kann lachen und weinen! Ich bin doch ein Mensch! Nur weil ich diese Krankheit habe, will plötzlich niemand mehr etwas mit mir zu tun haben! Ich bin unrein, schmutzig, dreckig. Für die anderen bin ich jetzt schon gestorben!'

Nach einer Weile bemerkt Dan vor sich eine Menschengruppe. Langsam geht er auf sie zu. Er sieht, wie jemand auf einer Trage zu einem Mann in der Mitte gebracht wird. Der beugt sich zu dem Kranken und spricht mit ihm.

‚Das muss dieser Jesus sein', kommt es Dan in den Sinn. Von dem hat er doch schon einmal gehört. Aufmerksam schaut er hin, wie Jesus den Kranken an den Schultern fasst und aufrichtet. Er spürt richtig, wie das dem Kranken gut tut. ‚Der hat keine Angst vor der Krankheit', denkt er, ‚zu dem muss ich hin! Der muss mir helfen. Der wird mich nicht abweisen.'

Und er läuft auf die Gruppe zu.

„Unrein!", ruft er laut. Eigentlich müsste er jetzt stehen bleiben, damit er den anderen nicht zu nahe kommt. Aber er läuft weiter. Er ruft: „Jesus, du kannst mir helfen!"

Jesus lässt die anderen stehen und kommt auf ihn zu. Dan wird es ganz warm vor Freude. Als Jesus bei ihm ist, sagt er aufgeregt: „Jesus, wenn du willst, kannst du mir helfen!"

Er kniet nieder, als wollte er sagen: So ernst ist es mir damit!

Jesus weicht vor ihm nicht aus, wendet sich nicht ab, sondern schaut ihn an und legt ihm die Hand auf die Schultern. Er sagt: „Du sollst wieder zu den anderen gehören und nicht länger ausgestoßen sein. Du sollst wieder die Freundschaft mit den anderen erleben und genießen können! Du sollst spüren, dass du wertvoll und wichtig bist! Und die anderen sollen das auch wissen. Du sollst rein sein!"

Jedes dieser Worte saugt Dan in sich auf wie ein Schwamm.

„Dann werden die im Dorf keinen Bogen mehr um mich machen?", fragt er.

Der Hinweis, sich den Priestern zu zeigen, wird nur kurz angedeutet. Die Priester hatten damals auch die Funktion der Gesundheitsbehörde. Das Medizinische soll nicht dominieren, aber der deutliche Hinweis im biblischen Text soll nicht unterschlagen werden. Kinder würden evtl. nachfragen, wie die Dorfbewohner vom Heilungsgeschehen erfahren haben.

Mit einem letzten Blick auf den sich freuenden Dan klingt die Geschichte aus.

„Nein", sagt Jesus, „so wie ich mit dir rede, werden auch sie wieder bei dir sein. Du gehörst zu ihnen! Die unsichtbare Wand, die dich von den anderen getrennt hat, soll nicht mehr sein."
Jetzt kommen auch die anderen näher, ohne Scheu vor ihm, und reden mit ihm. Es ist ihm, als wäre seine Unreinheit, seine Krankheit von ihm abgefallen.
„Zeige dich den Priestern noch", sagt Jesus. „Sie werden dir bestätigen, dass du rein bist!"
„Ich freue mich so", ruft Dan aus. „Mein Leben hat noch einmal neu begonnen! Dass ich wieder zu den anderen gehöre, ist das größte Geschenk meines Lebens!"

*Gesprächsimpulse*

- Die Krankheit hat das ganze Leben des Dan verändert.
- Manche Veränderungen haben ihm besonders weh getan. Was hat ihm wohl deiner Meinung nach am meisten zu schaffen gemacht?
- Du kennst vielleicht andere Beispiele dafür, wie Menschen plötzlich von einem abrücken und sich eine unsichtbare Wand auftut.
- Dem Kranken sind viele Gedanken durch den Kopf gegangen, als er sein Dorf verließ. Er denkt an das, was geschehen ist, aber auch an das, was vor ihm liegt.
- Die Begegnung mit Jesus war für Dan voller freudiger Überraschungen. Erzähle davon!
- Jesus spricht zu dem Kranken auch von Gott. Ob sich dadurch wohl die Beziehung des Kranken zu Gott verändert hat?

*Anregungen für die Freiarbeit*

### Heilung des Aussätzigen

Manche der Worte Jesu klingen noch in Dan nach. Du kannst mit solchen Worten ein „Mutmach-Wortbild" gestalten. Findest du im Raum / im Haus einen Platz, wo dieses Bild besonders gut hinpasst?

### Heilung des Aussätzigen

Ihr könnt den Weg des Dan im Sandkasten gestalten. Gegenstände bzw. Symbole helfen euch auszudrücken, wie es Dan an den einzelnen Stationen seines Weges geht.

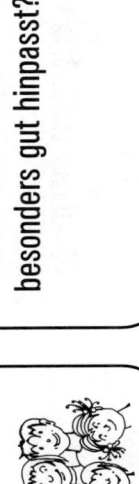

### Heilung des Aussätzigen

Sich-Abwenden und Einander-Zuwenden – beides hat Dan erlebt. Ihr könnt diese Situationen darstellen – mit eurem Körper, mit Holzfiguren, mit Modelliermasse. Überlegt genau:
- Wo stehen die einzelnen Figuren?
- Wie stehen sie zueinander?
- Wie ist ihre Körperhaltung?
- Wie sind die Abstände voneinander?

## Heilung des Aussätzigen

Dan arbeitet in unserer Erzählung in einem Weinberg. Er könnte auch einen anderen Beruf haben.
Schreibe dazu den Anfang der Geschichte neu.
Was ist in dieser neuen Geschichte anders geworden, was ist gleich geblieben?
Führe mit der Klasse ein Gespräch zu deiner neuen Geschichte.

## Heilung des Aussätzigen

- Jetzt könnt ihr eure Mauer auf einer Styroporplatte befestigen.
- Vielleicht wollt ihr auch Dan und seine Freunde darstellen.
- Wenn eine Gruppe Dans Weg gerade im Sandkasten gestaltet, dann fragt doch, ob ihr diesen Weg mit eurer Mauer ergänzen dürft.

## Heilung des Aussätzigen

Ausgeschlossen-Sein ist wie …
Neu-Aufgenommen-Werden ist wie …
Du findest sicher Bilder und Worte, die zu diesen Erfahrungen passen.
Möchtest du ein Plakat dazu gestalten?

## Heilung des Aussätzigen

Eine unsichtbare Mauer trennt Dan von seinen Freunden.
Ihr könnt dieser Mauer verschiedene Namen geben.
- Schreibt diese Namen eindrücklich auf ein Stück OV-Folie.
- Klebt an jede Seite der Folie einen Holz-Spieß, so dass die Spitze unten übersteht.

Fortsetzung auf der Rückseite!

## Heilung des Aussätzigen

Abwenden – Zuwenden
Ausgeschlossen – Aufgenommen
– –

Mit solchen Wortpaaren kannst du Dans Erfahrungen z. B. in konkreter Poesie gut darstellen.

## Heilung des Aussätzigen

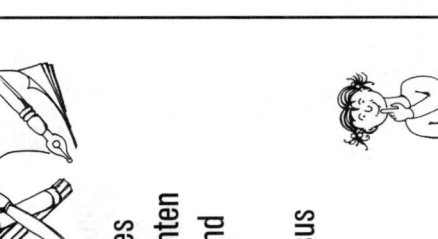

Schneide dann die Figur des Aussätzigen aus. Überlege, was seine Körperhaltung sagt. Klebe diese Figur auf ein zweites Blatt und schreibe deren Gedanken rundherum daneben. Male auf ein drittes Blatt ganz groß den Kopf des Geheilten, zeige, wie er sich freut, und schreibe auf, wie er sich wohl bei Jesus bedankt.

## Heilung des Aussätzigen

Vielleicht möchtest du die Gedanken des Dan in den verschiedenen Situationen seines Weges in einem Tagebuch festhalten?

## Heilung des Aussätzigen

Schneide eine Kopie des Bildes „Heilung des Aussätzigen" in der Mitte von oben nach unten entzwei. Klebe die linke Hälfte mit Jesus und seinen Jüngern auf ein weißes Blatt und schreibe auf die rechte freie Seite, was Jesus zu dem Kranken sagt.

Fortsetzung auf der Rückseite!

## Heilung des Aussätzigen

Versucht die Empfindungen des Dan in den verschiedenen Stationen seines Weges in Klängen auszudrücken. Vielleicht könnt ihr mit der Gruppe, die die Situation des Dan pantomimisch darstellt, eine gemeinsame Aufführung vorbereiten?

## Heilung des Aussätzigen

In Psalmworten können die Erfahrungen des Dan gut zum Ausdruck kommen. Suche passende Psalmen aus der Psalmwortkartei aus oder schreibe selbst Psalmgebete. Du kannst ein kleines Bilderbuch oder Leporello gestalten, in dem du zu Wegstationen des Dan Bilder malst und die Psalmtexte in schöner Schrift den Bildern zuordnest.

*Siehe Gestaltungskarte Papierstreifenbild.*

## Heilung des Aussätzigen

Als Dan wieder nach Hause kommt, erzählt er seinen Nachbarn und Freunden, was er mit Jesus erlebt hat, und die wollen viel über Jesus wissen. Ihr könnt solche Gespräche spielen.

## Heilung des Aussätzigen

„Jetzt hat mein Leben noch einmal begonnen", sagt Dan. Vielleicht kannst du das, was Dan meint, symbolisch zum Ausdruck bringen, z. B.
- eine Knospe entfaltet sich
- die Sonne vertreibt die Dunkelheit
- 

*Male dein Symbolbild für Dan!*

47 „Heilung der Aussätzigen". Kohlezeichnung von Otto Pankok, aus: „60 Zeichnungen zur Passion". © Otto Pankok Museum, Hünxe

# Seligpreisungen

(Matthäus 5,1–7)

## Jesus stellt sich und seine Botschaft vor

*Vorüberlegungen*

Mit den Seligpreisungen beginnt der große Redenkomplex der Bergpredigt, in der der Evangelist Matthäus überlieferte Aussagen Jesu zusammengestellt hat. Dabei knüpfen die Seligpreisungen an die bedrängende Situation der „kleinen Leute" in Palästina an. Sie leiden unter Armut und Hunger – noch deutlicher als im Matthäusevangelium werden sie im Lukasevangelium als die Armen und Hungernden angesprochen. Sie müssen erleben, wie Familienmitglieder in die Sklaverei verkauft werden. Sie müssen Ungerechtigkeit und Demütigungen ertragen in der Ausbeutung durch Großgrundbesitzer. Ihnen wird von Jesus das Reich Gottes zugesprochen. Dabei geht es weder um revolutionäre Änderung der politischen und wirtschaftlichen Verhältnisse, noch um Vertröstungen auf das Jenseits, sondern um Jesu Taten und Worte als Signale der Hoffnung, welche die Menschen verändern und so Neues in Gang setzen.

Kinder lernen die Situation vieler Menschen zur Zeit Jesu kennen und dabei auch den Zusammenhang von äußerer und innerer Not, von Armut und Hoffnungslosigkeit. Vielleicht können sie das Gehörte auch mit eigenen Erfahrungen verbinden, in denen äußere bedrängende Umstände Ohnmachtsgefühle und Zweifel an der eigenen Zukunft geweckt haben. Bei dieser inneren Not setzt Jesu Wirken an, indem er den Menschen neues Selbstbewusstsein vermittelt und ihnen mit seiner Autorität die Nähe Gottes verkündet. Kinder erfahren in der Geschichte auch, dass nicht die sichtbaren Wundertaten Jesu für sich allein gesehen das Entscheidende sind, sondern deren Verbindung mit der Zusage von Gottes Zuwendung.

*Lernziele*

- Die Situation der benachteiligten Menschen zur Zeit Jesu kennen lernen,
- erfahren, wie äußere Not deren Selbstbewusstsein und Hoffnung auf eine bessere Zukunft zerstört,
- erfassen, wie Jesus mit seiner Zusage diese Menschen aufrichtet und ihnen neuen Lebensmut schenkt,
- entdecken, dass Jesu besondere Autorität nicht in seinen Wundertaten selbst, sondern im damit verbundenen Zuspruch der Nähe Gottes wirksam ist.

## Kommentar

*1. Szene:*

*Im Dorf (1)*

Als Erzählrahmen wird das Zusammenstehen der Dorfbewohner gewählt. Gesprächsstoff liefert die ausgedachte vorangegangene unbarmherzige Steuereintreibung. Die Adressaten der ersten vier Seligpreisungen sind schon im Blick: die *Armen*, die *Leid Tragenden*, die *Demütigen* – was hier das Kleingemacht-Werden, das Gedemütigt-Werden einschließt, das Gezwungen-Werden zum Hinnehmen des Schicksals – die *an Ungerechtigkeit Leidenden*. Diese Rahmengeschichte soll auch dazu beitragen, dass die Worte Jesu nicht zu früh und zu einseitig verallgemeinert werden.

Einige der Personen gewinnen im zweiten Abschnitt deutlicheres Profil. Simon ist ganz stark an der Frage nach der Gottesbeziehung interessiert. Er wartet auf den Zuspruch der Nähe Gottes. Ruben ist mehr der Realist, der auf konkrete Änderungen hofft. Jakob leidet vor allem an den Demütigungen. Rebekka bringt der Botschaft Jesu von Anfang an viel Vertrauen entgegen. Mit dieser Palette an Meinungen und Erwartungen sollen die Kinder Gelegenheit bekommen, den Spuren zu folgen, die sie in besonderer Weise ansprechen.

*2. Szene:*

*Im Dorf (2)*

Unter Aufnahme des summarischen Berichts von Jesu Wirken (Mt 4,23–25), der den Seligpreisungen im Matthäusevangelium vorausgeht, und von dessen Wirkung wird jetzt die Neugier auf den Rabbi Jesus geweckt. Gleichzeitig wird hier die Unterscheidung zwischen Wundertaten und deren Deutung eingeführt. Mit dieser Differenzierung wird der Blick auf die Deutungsseite gelenkt, die ja in den Seligpreisungen ganz im Zentrum steht.

## Erzählanregung

Im Dorf stehen die Leute beieinander. Ganz aufgeregt reden sie aufeinander ein. Manche schimpfen und ballen die Fäuste.

„Wie eine Heuschreckenplage sind sie wieder über uns gekommen, die Steuereintreiber", klagt einer, „und alles haben sie uns weggenommen! Wovon sollen wir eigentlich noch leben? Aber das ist denen ja egal! Die da in Jerusalem, die leben in Saus und Braus. Und uns hier fehlt es am Nötigsten! Arm sind wir ja hier in Galiläa, solange ich denken kann. Aber etwas zum Überleben braucht doch jeder!"

„Auf den Knien habe ich sie angefleht", klagt eine Frau, „dass sie uns wenigstens noch die Kuh lassen sollen. Aber sie haben nur höhnisch gelacht und mit dem Fuß nach mir getreten!"

„Und zu mir", sagt Jakob mit dem steifen Arm, „haben sie gesagt, es wäre doch nicht schade, wenn einer wie ich verschwindet. Das war so widerwärtig!"

„Wie soll das nur weitergehen?", seufzt Rebekka. „Jedes Jahr sind wir noch ärmer als vorher und müssen uns wie der letzte Dreck behandeln lassen. Das kann doch nicht so bleiben!"

„Ob Gott uns vergessen hat?", fragt Simon nachdenklich. „Sonst würde er uns doch irgendein Zeichen geben, damit wir wenigstens noch ein Fünkchen Hoffnung haben!"

„Darauf warte ich schon lange", meint Rebekka bitter.

„Vielleicht will Gott von uns nichts mehr wissen, weil wir die Gebote nicht sorgfältig halten", meint Simon. „Aber wer Hunger hat, muss eben auch am Sabbat Fische fangen. Sonst könnten wir nicht überleben! Ob Gott wirklich so streng ist? Ich kann es nicht glauben!"

„Aber alles, was geschieht, das spricht doch dafür, dass Gott von uns nichts mehr wissen will!", ruft Ruben. „Woher sollen wir denn noch die Hoffnung hernehmen, dass Gott auf unserer Seite ist? Ich weiß keine Antwort darauf!"

Sie reden noch eine Weile miteinander und gehen dann nach und nach in ihre Häuser.

Ein paar Tage später stehen sie wieder beieinander, aber diesmal ist die Stimmung ganz anders.

„Habt ihr schon gehört?", ruft Simon. „Dieser Rabbi Jesus, von dem die Leute reden, muss ein ganz besonderer Rabbi sein. Wie ein Lauffeuer geht die Nachricht von ihm um den ganzen See herum."

„Und", ruft Rebekka dazwischen, „er heilt Kranke. Von überallher kommen sie zu ihm gelaufen!"

„Ach", meint Ruben, „Wunderheiler gibt es doch genug bei uns! Die tauchen auf, machen viel Wirbel und verschwinden dann wieder. Ein paar Menschen haben Glück, aber sonst verändert sich gar nichts. Warum sollte es mit diesem Rabbi anders sein? Da müsste ich schon genau wissen, mit welcher Absicht er zu den Leuten geht und woher er seine Kraft hat!"

„Immerhin kommen sie zu ihm", meint Rebekka, „und wenn wir mehr von ihm wissen wollen, dann sollten wir eben auch zu ihm gehen!"

*3. Szene:*

*Auf dem Weg zu Jesus*

In der Erzählung, die ganz von den Dialogen bestimmt ist, bietet diese Szene wieder mehr für das innere Auge. Das kann durchaus noch weiter ausgestaltet werden. Leitendes Motiv sollte aber bleiben, die Erwartungen an Jesus weiter voranzutreiben und so die Spuren hin zum Aufnehmen und Verstehen der Seligpreisungen weiter auszubauen. Dazu wird auch die besondere Autorität Jesu ins Spiel gebracht – mit gebotener Zurückhaltung, denn hier ist die Gefahr besonders groß, dass Jesus zum „Übermenschen" stilisiert wird.

*4. Szene:*

*Am Berg*

Nach den vorangegangenen Vorbereitungen kommt nun die Erzählung zu ihrem Ziel, nämlich dem Wortlaut der biblischen Seligpreisungen. Hier erscheint es am schwierigsten, die Rede Jesu in Erzählhandlung umzusetzen. Die Lösung wird versucht, indem die vorher eingeführten Personen jetzt als die Hörenden weiter bedacht werden, gleichsam versteckte Dialoge zwischen Jesus und ihnen geführt werden. Die Worte Jesu sind so ganz konkret auf ihre Lebenssituation bezogen.

Mit seiner Frage nach der konkreten Umsetzung öffnet Ruben den Blick auf die zweite Reihe der Seligpreisungen, in denen es um das Tun geht. Diese Reihe steht nur bei Matthäus, nicht bei Lukas, und sie wird hier exemplarisch mit einer Seligpreisung aufgenommen. Damit wird auch der Aspekt konkreter Mitverantwortung ins Spiel gebracht. Der Zusammenhang mit der ersten Reihe darf aber auf keinen Fall verloren gehen, sonst wird Jesu Verkündigung zur bloßen Moral.

„Ob er uns sagen kann, wie Gott zu uns steht?", meint Simon nachdenklich. „Das interessiert mich am meisten!"

Am nächsten Tag macht sich eine kleine Gruppe auf den Weg zu Jesus: „Ich bin gespannt auf ihn", meint Rebekka. „Er soll eine große Ausstrahlung haben."
„Davon kann ich meine Steuern nicht bezahlen", meint Ruben trocken.
„Aber vielleicht kann er mir eine Antwort geben, ob Gott uns wirklich verlassen hat – mehr erwarte ich gar nicht!", sagt Simon. „Vielleicht kann er mir ein bisschen Hoffnung geben, das täte mir gut, dann wäre ich schon zufrieden."
„Wenn er einem das Gefühl geben könnte, doch nicht der letzte Dreck zu sein, dann wäre das schon viel", sagt Jakob leise.
Inzwischen finden sich immer mehr Menschen auf dem Weg ein. „Geht ihr auch zu dem Rabbi Jesus?", fragen sie einander und nicken zustimmend.
„Es heißt, er hat große Autorität von Gott", meint einer.
„Dann ist er für mich der Richtige", murmelt Simon.
Nach einer Weile kommen sie zu einer Wiese an einem Hang. Viele haben auf ihr schon Platz genommen.
„Jesus kommt bald hierher", sagen die Leute.

Und da ist er schon mit seinen Begleiterinnen und Begleitern und fängt an zu reden. Er spricht so, dass jeder gut verstehen kann, was er meint.
„Manchmal denken die Armen, dass Gott sie verlassen hat", sagt er. „Viele schauen geringschätzig auf sie und meinen, dass Gott sie auch gering schätzt. Aber das stimmt nicht. Ganz im Gegenteil, Gott ist mit ganz besonderer Aufmerksamkeit und Zuwendung bei ihnen. Sie haben für Gott einen ganz besonderen Wert. Auch wenn es nach außen hin und in den Augen anderer Menschen oft ganz anders aussieht. Ich sage euch: Dass Gott ihnen so nahe ist, dafür sind sie zu beglückwünschen! So ist es mit all denen, die Leid tragen müssen. Gerade sie sind hungrig nach Zeichen der Freundlichkeit. Und sie werden spüren, dass sie in ihrem Leid nicht allein sind. Gott ist da, für sie ganz besonders!"
Jesus spricht leise und eindrücklich.
„Er sagt das so klar", meint Simon, „ich glaube ihm das!"
„Meint er, dass wir doch nicht der letzte Dreck sind?", flüstert Jakob.
Jesus redet weiter: „Wohl denen, die unter der Macht leiden, die andere über sie ausüben, die ständig von anderen bedrängt und beengt werden. Ihnen soll das Land gehören!"
„Aber was heißt das wohl, dass ihnen das Land gehören soll?", fragt Jakob Rebekka.
„Still", unterbricht sie ihn, „er redet weiter!"
„Wohl denen, die nach Gerechtigkeit hungern, denn sie sollen satt werden!"
Da steht Ruben auf und fragt: „Rabbi Jesus, wie soll das geschehen?"
Und der antwortet: „Es fängt damit an, dass ihr die Liebe Gottes spürt, die ich euch bringe. Gott hat mir den Auftrag gegeben, zu denen zu gehen, die diese Liebe ganz besonders brauchen. In ihrem Alltag erfahren sie oft nur das Gegenteil davon. Und dann wird auch durch euch diese Liebe weitere

Kreise ziehen. Immer wieder von neuem wird das geschehen. Wohl denen, die Barmherzigkeit weitergeben, denn sie wird auch wieder zu ihnen zurückfließen. Und die Welt wird sich ändern."

So wie Ruben fragen auch andere dazwischen. Und Jesus geht aufmerksam auf ihre Fragen ein.

*5. Szene:*

*Heimweg*

Nach dem Höhepunkt soll die Erzählung rasch zum Schluss kommen. Die Frage nach der Glaubwürdigkeit Jesu wird gestellt – und zugleich positiv beantwortet. Oder sollte diese Frage eher offen gelassen werden?

„Nun", fragt Rebekka auf dem Heimweg, „was haltet ihr von diesem Rabbi? Er hat doch genau auf das geantwortet, was wir von ihm wissen wollten!"
„Er ist nicht bloß ein Wunderheiler wie die anderen", stimmt Simon zu. „Was er gesagt hat, das war genau das, was ich mir erhofft habe."
„Es hat mir einfach gut getan, ihm zuzuhören", ergänzt Jakob.
„Über manches muss ich noch nachdenken", meint Ruben. „Es ist so anders als das, was wir tagtäglich erleben. Hoffentlich kommt er bald einmal in unser Dorf. Ich würde mit ihm gerne noch mehr darüber reden, was er gesagt hat!"
„Was Jesus gesagt hat", meint Rebekka, „das habe ich mir fest eingeprägt. Und damit geht es mir schon besser als vorher. Was die anderen mit uns machen, das steht für mich nicht mehr so im Vordergrund. Etwas Neues hat begonnen – mit dem, was wir bei Jesus erlebt haben. Es ist für mich wie eine Blütenknospe, die sich jetzt langsam öffnet.

*Gesprächsimpulse*

- Erlebte Not der Menschen wird durch Hoffnungslosigkeit besonders schlimm. Die Not kann Jesus nicht ändern, aber ... Denk darüber nach!
- In welchen Personen der Geschichte konntet ihr euch besonders gut wiederfinden?
- Simon denkt viel über die Beziehung zu Gott nach. Versucht zu beschreiben, worauf sich seine Erwartungen richten!
- Simon war wichtig, dass Jesus nicht bloß ein umherziehender Wunderheiler ist. Was erwartet er mehr von Jesus?
- Überlegt, was wohl die Personen der Geschichte aus den Worten Jesu für sich mitnehmen konnten!

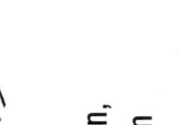

**Anregungen für die Freiarbeit**

---

## Seligpreisungen

Du hast einige Menschen, die auf den Berg gehen, kennen gelernt. Du kannst ein „Porträt" von ihnen in Worten schreiben:
„Darf ich vorstellen, das ist Ruben.
Er ..."

---

## Seligpreisungen

Versetzt euch in die Menschen, die zum Berg hinaufgehen. Stellt ihre Haltung mit eurem Körper dar. Wenn sie vom Berg hinuntergehen, ist ihre Haltung eine andere geworden. Stellt auch diese mit eurem Körper dar.
Habt ihr Lust, beide Haltungen aus Ton zu formen?

---

## Seligpreisungen

Die Menschen unterwegs beschäftigen viele Fragen. Spielt solche Szenen. Wie unterscheiden sich die Gespräche beim Aufstieg von den Gesprächen beim Abstieg?

## Seligpreisungen

Durch Jesu Worte geschieht in den Menschen etwas. Versucht das, was da anfängt, darzustellen: in einem Stimmungsbild oder mit einem Symbol.

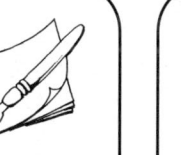

## Seligpreisungen

Aus Wörtern können „Bilder" werden. Versuche aus folgenden Wörtern eindrückliche Bilder entstehen zu lassen:
Leid, Not, Hoffnung, Zuversicht, Trost, Mut …
(Leid ist wie …; Hoffnung ist wie …)

## Seligpreisungen

Ruben hat seine Schwierigkeiten mit Jesu Zusagen. Spielt ein Gespräch mit ihm und versucht ihm klar zu machen, wo etwas Neues anfangen kann, das aus der Hoffnungslosigkeit herausführt.

## Seligpreisungen

Jesu Worte – ein Schatz auch für dich?
Möchtest du eines seiner Worte schreiben und in dein Schatzkästchen stecken?

## Seligpreisungen

Die Menschen kommen wieder ins Dorf zurück.
Andere fragen:
„Was ist denn das Besondere an diesem Jesus?"
Könnt ihr Antwort geben?
Vielleicht habt ihr Lust, solche Gespräche
zu spielen.

## Seligpreisungen

Macht euch Gedanken, was *Hoffnung* für Menschen
bedeuten kann. Eure Gedanken könnt ihr in einfachen
Vergleichen zum Ausdruck bringen:
Hoffnung ist wie …
Sammelt möglichst viele solcher
Sprachbilder.

## Seligpreisungen

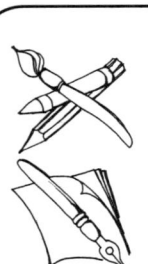

Rebekka fühlt sich wie eine Knospe,
die aufgeht.
Male Bilder von der Knospe und von der
Blüte und schreibe dazu, was die
Knospe am Aufgehen hindert und was
die Blüte zum Aufgehen bringt.

## Seligpreisungen

Suche dir aus Fotobildern einen Menschen aus,
dem es ähnlich geht wie den Leuten aus dem Dorf.
Vielleicht hast du Lust, ihm einen Brief
zu schreiben.

# Gleichnis vom Sämann

(Matthäus 13,1–9)

## Misserfolge haben nicht das letzte Wort

*Vorüberlegungen*

Entgegen der Allegorie, die Zug um Zug die Einzelelemente des Gleichnisses auf die Situation der frühen Gemeinde hin deutet (V. 18–23) und es so zur Mahnung werden lässt, selbst Gutes zu tun und nicht unfruchtbarer Boden zu sein („Vierfach ist das Ackerfeld, Mensch, wie ist dein Herz bestellt?"), knüpft die Erzählung an die Gleichnisfassung an, die in der Verkündigung Jesu entstand. Hier ist das Gleichnis auf einen Bezugspunkt hin zugespitzt: Obwohl so viel von dem Gesäten verloren geht, wächst doch eine wunderbar reiche Ernte heran.

Als Rahmensituation, auf die dieses Gleichnis antwortet, könnten Zweifel an der Wirksamkeit der Verkündigung Jesu stehen. Dieser Rahmen selbst wird nicht weiter verfolgt, wohl aber die Intention, die von ihm her das Gleichnis bekommt. In gewisser Parallele zum Gleichnis vom Senfkorn ist es ein Mutmach- und Hoffnungsgleichnis. Gegen die Erfahrung, dass die erhoffte Resonanz ausbleibt und sich der erwartete Erfolg nicht einstellt, steht die Perspektive des Gelingens. Gott kann und wird auch da Frucht wachsen lassen, wo es auf den ersten Blick nicht danach aussieht.

Kinder kennen Situationen, in denen sie die Erfolgschancen ihres Tuns schwinden sehen, in denen sie sich zu sehr von den Signalen des Misslingens beeindrucken lassen und an ihren Fähigkeiten zweifeln. Das Gleichnis kann ihnen Mut machen, den ihnen von Gott gegebenen Gaben und Fähigkeiten wieder mehr zu vertrauen und auch trotz erlebter Fehlschläge und Niederlagen an der Hoffnung auf Gelingen festzuhalten. Im Sinne der von Erikson beschriebenen Krise „Werksinn gegen Minderwertigkeitsgefühl" hilft dieses Gleichnis, die eigenen Fähigkeiten wieder deutlicher zu sehen.

*Lernziele*

- Die Enttäuschung des Sämanns in der Geschichte nachempfinden,
- an dessen Freude über den unerwarteten Ertrag Anteil nehmen,
- entdecken, dass die Bilder dieses Gleichnisses Angebote zur Deutung unserer Wirklichkeit sind,
- entdecken, dass dieses Gleichnis auch heute noch in Menschen das Vertrauen auf Gelingen stärken kann,
- wahrnehmen, dass Menschen ihr Gelingen zugleich als Geschenk von Gott deuten.

## Kommentar

*1. Szene:*

*Vor der großen Aufgabe*

In der Person des Micha wird der Sämann zum Identifikationsangebot für die Kinder. Ursprüngliche Freude an neuen Aufgaben samt den damit verbundenen Bildern vom Gelingen sollen spürbar werden. Mit der erfundenen Erzählhandlung vom Üben wird zugleich die damalige Technik des Säens vorgestellt.

*2. Szene:*

*Erfahrung des Gelingens*

Dasselbe gilt auch für die zweite Szene. Sie könnte auch die erste ersetzen. Berücksichtigt ist hier, dass in Palästina erst nach dem Säen gepflügt wurde.

*3. Szene:*

*Die erste Enttäuschung*

Die Erzählung bleibt konsequent bei den Gefühlen des Micha, seinem Ärger, seiner Hilflosigkeit, Enttäuschung und Wut. Der Vater bringt wichtige Informationen ein. Diese Erzählung macht ihn gerade nicht zu einer Person, die dem Micha die Fehler vorrechnet. Oder würde gerade dies die Erfahrungen der Kinder besser wiedergeben?

*4. Szene:*

*Die zweite Enttäuschung*

Wiederholte Enttäuschung droht zu einem Grundgefühl zu werden, das auf alles mögliche andere übertragen wird. Die Enttäuschungen nagen kräftig am Selbstwertgefühl. Gefühle – und was sie bedeuten – werden hauptsächlich über Dialoge erzählbar. Darum sind neben dem im biblischen Text beschriebenen Tun die begleitenden Gespräche mit den Eltern wichtig.

## Erzählanregung

Micha ist ganz aufgeregt.
„In ein paar Tagen wollen wir säen", sagt der Vater, „und der Acker dort drüben am Hang, das ist diesmal deine Aufgabe!"
Micha bindet sich das große Tuch um, in das dann die Körner hineinkommen, tut aber jetzt zum Üben nur Sand hinein. Mit großem Schwung wirft er den Sand aus.
„So mache ich es", denkt er zufrieden. „Und dann wird aus jedem Korn ein neuer Halm!"
Er sieht vor seinem inneren Auge schon ein Getreidefeld, auf dem die vollen Ähren im Wind hin und her schaukeln.
„Das ist mein Feld", denkt er voller Stolz, „das wächst dann aus meiner Saat!"

Endlich ist es soweit. Micha geht mit dem Korn hinaus, bindet sich das Tuch um und fängt an zu säen. Eine Hand voll nach der anderen wirft er auf das Feld, sodass sich die Körner gut verteilen. Das macht Spaß! Am Abend ist er fertig. Zufrieden schaut er auf sein Werk. Morgen wird er mit dem Vater den Boden umpflügen, sodass die Körner gut in das Erdreich eingebettet werden.

Am nächsten Tag sieht er mit Schrecken, dass viele Vögel eifrig auf seinem Feld picken. Voller Zorn rennt er hin und vertreibt sie.
„Die haben mir alle meine Körner weggefressen", jammert er. „Jetzt wird wohl nicht mehr viel wachsen. Und die Saatkörner sind weg, verloren!"
„Ja", sagt der Vater, „vor allem, wo der Boden fest ist, wie hier auf dem Weg, da liegen die Körner ungeschützt. Darauf musst du achten. Nächstes Mal geht es bestimmt schon besser."
Dann ziehen die beiden mit dem Pflug Furchen. Micha denkt immer wieder an all die Körner, die er umsonst gesät hat. Nun wird sein Ährenfeld nicht so dicht und üppig, wie er sich das vorgestellt hat. Er kann sich gar nicht mehr richtig freuen.
„Lass den Kopf nicht hängen", ermuntert der Vater ihn. „Da wächst schon noch genug auf deinem Feld! Komm, wir haben noch anderes zu tun!"

Einige Zeit später geht Micha wieder zu seinem Feld. Es hat inzwischen geregnet und zu Michas Freude sprießen da und dort schon kleine Hälmchen.
„Na also", denkt er erleichtert, „da ist ja doch nicht alles umsonst gewesen!"
Nach dem Regen folgen sonnige Tage. Als Micha das nächste Mal auf sein Feld kommt, erschrickt er. Viele der kleinen Hälmchen sind welk und verdorrt. Enttäuscht geht er nach Hause.
„Na, wie sieht es denn auf deinem Feld aus?", fragt die Mutter.
„Was die Vögel übrig gelassen haben, das ist jetzt verdorrt", antwortet Micha traurig. Alle Freude über seinen Acker ist dahin.
„Was habe ich denn falsch gemacht?", fragt er.

Die Mutter versucht ihn zu trösten: „Wo der Boden ganz dünn ist, da können die Pflänzchen nicht in die Tiefe wachsen, und deshalb verdorren sie, wenn die Sonne scheint. Aber es gibt doch sicher noch genug andere, die gut gedeihen!"
„Davon habe ich nichts gesehen", sagt Micha.

### 5. Szene:

*Die dritte Enttäuschung*

Im Wesentlichen wird hier Bisheriges bekräftigt. Diese Szene wird genutzt, um die Ausweitung der Selbstzweifel vom einzelnen Ereignis auf die ganze Person zu unterstreichen.

In den nächsten Wochen hat er keine Lust, sein Feld zu sehen. Aber dann siegt doch die Neugierde und er geht hinaus. Beim Näherkommen leuchtet ihm viel Grün entgegen. Das gefällt ihm und freudig tritt er an sein Feld. Aber dann erschrickt er wieder: Was da so grün aussieht, das sind ja gar nicht die Getreidepflänzchen! Das ist Unkraut! Es ist viel schneller gewachsen als die Getreidehalme und nimmt ihnen mit seinen großen Blättern das Licht weg.
Jetzt hat Micha endgültig genug von seinem Acker. Die Mutter sagt: „Da kann man nichts machen! Wenn du das Unkraut ausreißt, würdest du die guten Halme zertreten. Das musst du jetzt so wachsen lassen."
„Von diesem blöden Acker will ich nichts mehr wissen!", schreit Micha in seiner Enttäuschung. „Und Bauer will ich auch nicht werden!"
Er geht nicht mehr hinaus aufs Feld.
„Da wächst ja doch nichts Gescheites!", sagt er. Der Traum von einer großen Ernte ist ausgeträumt.

### 6. Szene:

*Die große Überraschung*

Und dann geschieht das völlig Unerwartete. Wieder stehen die Gefühle im Vordergrund, die im Verhalten und im Reden des Micha ihren Ausdruck finden. Mit dem Ausblick auf die Ernte soll dieses Aufblühen der positiven Selbsteinschätzung noch gesteigert werden.

Der Bezug auf Gott ist hier nur angedeutet, gewissermaßen als Anknüpfungspunkt für die weiterführende Eigentätigkeit der Kinder.

Die Monate vergehen und die Erntezeit ist nahe. Zufällig kommt Micha eines Tages wieder an seinem Acker vorbei. Er kommt aus dem Staunen gar nicht mehr heraus. Ein dichtes Getreidefeld steht da vor ihm mit vollen Ähren.
„Das kann doch nicht mein Feld sein!", denkt er verwundert. „Das gibt es doch nicht!" Vor Freude klatscht er in die Hände und rennt nach Hause.
„Mutter, Vater! Mein Feld ist doch noch ein richtiges Getreidefeld geworden! Es steht genauso prächtig da wie die anderen auch! Gott sei Dank dafür!"
Der Vater lächelt.
„In den nächsten Tagen können wir ernten", sagt er. „Du wirst staunen, wie viele Körner aus deinem Feld kommen!"
Jetzt freut sich Micha auf die Ernte genauso, wie er sich damals auf das Säen gefreut hat.

*Gesprächsimpulse*

- Wer hätte gedacht, dass es noch eine so große Ernte gibt?
- Versuche mit deinen Worten zu sagen, wie es dem Micha ging, als er die ersten Male auf seinem Acker war?
- Saatgut ist teuer. Stell dir vor, was sich wohl Micha selbst vorwirft!
- Andere Eltern wären vielleicht nicht so freundlich mit ihrem Kind umgegangen! Was hätten die wohl zu ihm gesagt?
- Das Bild vom vollen Ährenfeld nimmt Micha tief in sich auf. In welchen anderen Situationen könnte er sich wohl daran erinnern?
- Micha erlebt die große Ernte auch als ein Geschenk von Gott. Kannst du dir denken, warum?

### Gleichnis vom Sämann

Male dein eigenes Bild vom Misslingen und Gelingen.

**Anregungen für die Freiarbeit**

### Gleichnis vom Sämann

„... Und statt einer Antwort erzählte Jesus eine Geschichte ..."
Kannst du dir Situationen vorstellen, in denen Jesus seinen Freunden genau diese Geschichte erzählt hätte?
Erzähle sie mit deinen Worten nach. Wenn du Anregungen brauchst, lies nach in: Matthäus 13,53ff. / Markus 6,1ff.; Matthäus 19,16ff; Johannes 13,36-38; 18,15ff.; 21,15ff.

### Gleichnis vom Sämann

Malt die drei Begebenheiten, über die Micha enttäuscht ist, und ergänzt sie mit Bildern, Zeitungsausschnitten, Texten aus unserer Zeit.
*Siehe Gestaltungskarte Collage.*

## Gleichnis vom Sämann

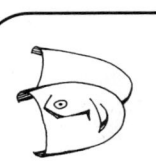

Gestaltet eine Sprechszene. In ihr kommen vor:
- Micha und was er erlebt.
- Stimmen im Hintergrund, die ihm zuflüstern, was er noch nicht weiß und was ihm Mut machen könnte.

Führt diese Sprechszene anderen vor.

## Gleichnis vom Sämann

Suche aus der Psalmenkartei Psalmen aus, die gut zu den Erfahrungen des Micha passen! Schreibe sie in schöner Schrift.

## Gleichnis vom Sämann

„… Und es brachte hundertfach Frucht!"
Gestaltet zu diesem Satz ein Türplakat für euer Klassenzimmer.

## Gleichnis vom Sämann

Erinnere dich, wie dir selbst einmal etwas gründlich misslungen und etwas besonders gut gelungen ist.
Male von beiden Erlebnissen ein Bild.
Das eine mit Farben, die deinen Ärger zum Ausdruck bringen, das andere mit solchen, die deine Freude zeigen.

## Gleichnis vom Sämann

Ihr könnt mit Instrumenten eine Klanggeschichte zu all dem gestalten, was Micha mit seinem Getreidefeld erlebt hat.

## Gleichnis vom Sämann

Erzähle mit Stift und Papier in einem Comic von Michas Erlebnissen.
Schreibe in Sprech- und Denkblasen, was er denkt, sagt, hofft.
*Siehe Gestaltungskarte COMIC ZEICHNEN.*

## Gleichnis vom Sämann

Voller Freude erzählt Micha den Eltern von seinem Getreidefeld mit den reifen Ähren. Und abends spricht er ein Dankgebet. Du kannst aufschreiben, was Micha in seinem Gebet Gott sagt.

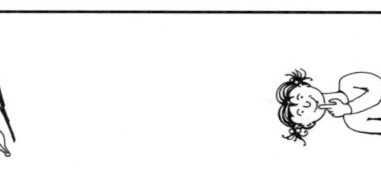

## Gleichnis vom Sämann

Weil das Unkraut so schnell wuchs, konnte Micha zuerst seine aufgegangene Saat darunter gar nicht entdecken.
Male ein Suchbild, auf dem du zwischen wild wuchernden Unkräutern einige von Michas aufgegangenen Getreidehalmen versteckst.

# Jesus segnet die Kinder
(Markus 10,13–16)

## Dafür seid ihr nicht zu klein!

*Vorüberlegungen*

Dieser kurze Text wird auch das „Kinderevangelium" genannt. Den Kindern wird das Reich Gottes, d. h. Gottes Nähe mit ihrer lebensförderlichen Kraft zugesprochen. Von dieser Nähe hören die Kinder nicht nur, sondern sie erleben sie in der Art und Weise, wie Jesus mit ihnen umgeht. Er ruft sie zu sich, wendet sich ihnen zu, „herzt" sie, spricht mit ihnen, hört ihnen zu, nimmt sie ernst, hat Zeit für sie, segnet sie. Der Segen verdichtet noch einmal das, was die Kinder von Gott erwarten dürfen und was sie schon an Jesus erleben. Er meint auch Anerkennung und Wertschätzung, die nicht durch Defizite gegenüber den Erwachsenen bestimmt sind, sondern durch den Reichtum ihrer Gaben und Fähigkeiten, auch ihrer Neugier und Fantasie, welche die Erwachsenen oft hinter sich gelassen haben. Die biblischen Sätze sind an Erwachsene gerichtet. Von ihnen wird ein Umdenken verlangt. Nicht Erwachsenen-Intelligenz und Erfahrungsreichtum befähigen zur Beziehung zu Gott, sondern das schlichte und einfache Annehmen, so wie es Kinder tun. Annehmen des Evangeliums setzt keine besonderen Leistungen voraus, sondern will ganz einfach als Geschenk angenommen sein.

Dem Alter der Grundschulkinder entsprechend wird die Geschichte aus der Perspektive älterer Kinder erzählt. Sie wollen schon groß sein und sich die mit den Erwachsenen gemeinsame Lebenswelt erobern – und erleben sich doch in entscheidenden Situationen von ihnen unterschätzt und als Noch-nicht-Erwachsene festgelegt. Was Kinder sich sehnlichst wünschen, sind Menschen, die Zeit für sie haben, von denen sie sich ernst genommen fühlen. Dieser Alltagsperspektive mit ihren Enttäuschungen wird in der Geschichte die andere des Evangeliums, des Handelns Jesu, entgegengesetzt. Und Jesus macht deutlich, dass auch Gott auf dieser Seite der Anerkennung und Wertschätzung steht.

*Lernziele*

- Erfahrungen zur Sprache bringen, in denen Kinder sich von Erwachsenen nicht ernst genommen fühlen,
- unbeirrbare Neugier als besondere Qualität kindlichen Forschens und Entdeckens wahrnehmen,
- entdecken, wie Jesus eine andere Sichtweise den Kindern gegenüber in Geltung setzt,
- wahrnehmen, dass Jesus gerade darin den Willen Gottes zum Ausdruck bringt,
- bedenken, was Nähe Gottes und Segen für Kinder bedeuten können.

## Kommentar

*1. Szene:*

*Gespräch mit dem Onkel*

In dieser erfundenen Szene sollen Erfahrungen lebendig werden, die auch die Kinder heute machen: Ihre Fragen werden abgewimmelt. Sie werden als störend empfunden. Vielleicht auch, weil die Erwachsenen diesen Fragen nicht gewachsen sind, dies aber nicht zugeben können. Es wäre doch keine Schande, eigene Unkenntnis über diesen Rabbi Jesus einzugestehen. Stattdessen wird abgeblockt oder unwillig auf andere verwiesen. Ist das Verhalten des Onkels zu drastisch dargestellt? Die Antwort darauf müssten wohl die eingebrachten Erfahrungen der Kinder geben.

*2. Szene:*

*Beim Rabbi Natanja*

Die Thematik der ersten Szene wird erneut aufgegriffen und aus einer anderen Perspektive beleuchtet. Hier ist es der Wissende, Kundige, der den Kindern das Verstehen nicht zutraut. Mit der erneuten negativen Erfahrung mit Erwachsenen soll auch die Hartnäckigkeit der Kinder herausgestrichen werden, in der sie ihre Beteiligung an dem einfordern, was gerade die ganze Dorfgemeinschaft beschäftigt. Eine gewisse Spannung zur jüdischen Tradition, in der die Unterweisung der Kinder einen hohen Stellenwert hat, wird in Kauf genommen. Im Tora-Unterricht mag sich der Rabbi ja ganz anders verhalten.

*3. Szene:*

*Bei den anderen Kindern*

An die Stelle der biblischen Szenerie der Mütter, die ihre Kinder zu Jesus bringen, tritt hier die Kindergruppe. In dieser Szene wird sie eingeführt. Wie auch vorher soll sich die Anschaulichkeit der äußeren Bilder verbinden mit dem Anliegen der Kinder, die in den Dialogen thematisiert werden. Erfah-

## Erzählanregung

„Onkel Jakob", fragen Tobias und Uri, „warum gehen denn so viele Leute hinaus zu dem Rabbi Jesus?"
Onkel Jakob füttert gerade den Esel und macht den Stall sauber. Er zuckt die Schultern. „Das weiß ich auch nicht", brummt er.
„Wer ist denn dieser Jesus eigentlich?", fragen die Kinder weiter.
„Ach, lasst mich in Ruhe mit euren Fragen", antwortet der Onkel unwirsch, „ich habe jetzt dafür keine Zeit. Fragt unseren Rabbi Natanja. Aber der hat bestimmt auch keine Zeit. Das kann ich euch gleich sagen."
„Aber du warst doch schon bei dem Rabbi Jesus", bohrt Uri weiter. „Da musst du doch wissen, was –"
„Also, ich habe jetzt etwas anderes zu tun, als euch Sachen zu erklären, die ihr doch nicht versteht", sagt der Onkel.

Tobias und Uri gehen zu Rabbi Natanja. Uri klopft an der Tür – einmal, dann noch einmal. Dann kommt der Rabbi endlich und sagt ärgerlich: „Was wollt ihr denn von mir! Ihr stört mich bei der Arbeit!"
„Kannst du uns etwas über den Rabbi Jesus sagen?", fragen ihn die beiden.
„Was versteht ihr denn schon davon!", erwidert der Rabbi bloß. „Das hat gar keinen Sinn, euch das zu erklären. Und jetzt geht wieder!"
„Da reden sie alle von dem Rabbi Jesus und keiner will einem sagen, wer der ist", mault Uri. „Immer heißt es bloß: Das versteht ihr noch nicht! Da seid ihr noch zu klein dazu!"

Die beiden gehen hinaus zum großen Affenbrotbaum. Dort treffen sich die Kinder vom Dorf, wenn die Arbeit getan ist und sie Zeit zum Spielen haben.
„Seid ihr endlich da, wir warten schon auf euch!", rufen die anderen. „Habt ihr herausgebracht, wer der Rabbi Jesus ist?"
Die beiden erzählen, was sie mit dem Onkel und Rabbi Natanja erlebt haben.
„Dann fragen wir den Rabbi Jesus eben selbst, wer er ist!", meint Ruben. „Kommt, wir gehen hinaus zu ihm!"
„Meint ihr denn, dass wir überhaupt mit ihm reden können?", fragt Ester.

rungen der Neugier und der Zurückweisung werden weiter zugespitzt. So kann auch bei den Zuhörenden die Neugier auf den weiteren Fortgang des Geschehens geweckt werden – auch wenn wohl manche Kinder diese Geschichte bereits aus anderen Zusammenhängen kennen.

*4. Szene:*

*Unterwegs*

Diese Szene soll die Brücke schlagen zu dem Schauplatz bei Jesus. Sie hat also zunächst eher eine äußerliche Funktion. Zugleich wird sie genutzt, um eine Idealisierung der Kinder zu vermeiden. In der Gruppe sind sie eben laut und aufdringlich. Und auch das Motiv der Zurückweisung wird im Zusammenhang damit noch einmal eingebracht. Das soll die Spannung lebendig halten – oder erscheint es inzwischen als zu dick aufgetragen?

*5. Szene:*

*Angekommen*

Auch diese Szene setzt das äußere Geschehen fort, bringt die Konfrontation mit den Jüngern und schwenkt damit in die biblischen Sätze ein. Zugleich werden die vorangegangenen Aspekte bewusst weitergetragen: Sowohl die Erfahrungen der Zurückweisung, die das Vorhaben der Kinder an den Rand des Scheiterns bringen, als auch die Vorstellung der unruhigen, störenden Kinder.

*6. Szene:*

*Bei Jesus*

Jetzt endlich bahnt sich das Neue an. Wie kann das, was der biblische Text in „dürren" Worten erzählt, anschaulich werden? Indem jetzt gerade das geschieht, was die Kinder bei anderen bisher vergeblich gesucht haben: Aufmerksamkeit, Zuwendung, Zeit. Wer mag, kann hier noch ausführen, wie die Kinder sehr wohl verstehen, was Jesus sagt – in Bildern und Geschichten. Wichtig erscheint hier, dass dieser Höhepunkt der Geschichte von den Kindern auch mit konkreten

„Es sind schon viele auf dem Weg zu ihm. Da heißt es dann auch bloß: Was wollt denn *ihr* da! Wir haben mit dem Rabbi Wichtiges zu bereden."
„Aber versuchen können wir es doch", meint Ruben. „Mehr als wegschicken können sie uns nicht!"

So machen sie sich auf den Weg, schwatzen, rufen, lachen. Erwachsene, an denen sie vorbeirennen, schauen sie missmutig von der Seite an und einer meint: „Mit eurem Geschrei werdet ihr dem Rabbi Jesus auf die Nerven gehen! Was wollt ihr eigentlich da draußen?"
„Den Rabbi sehen!", antworten die Kinder.
„Ihr versteht doch gar nicht, was er sagt!"
Aber die Kinder lassen sich nicht entmutigen und laufen weiter.
Schon sind sie draußen bei den anderen.

„Welcher von denen ist denn der Rabbi?", fragt Uri laut.
„Seid still!", zischen ein paar. „Und drängelt hier nicht so herum!"
Die Kinder sind schon ganz weit nach vorne gekommen. Sie erkennen einen, der mit den anderen redet – das muss der Rabbi sein. Und die Männer neben ihm, das sind wohl seine Freunde. Aber freundlich schauen die nicht zu ihnen her. Ein paar von ihnen weisen sie zurück und sagen: „Kinder haben hier nichts zu suchen! Verschwindet! Sonst gibt's Ärger."
Die Kinder bleiben stehen. Sie überlegen sich, ob sie nicht doch lieber umkehren sollen. Die Erwachsenen im Dorf haben Recht gehabt: Der Rabbi Jesus ist nichts für Kinder. Unschlüssig stehen sie da.
„Ich glaube, die wollen uns nicht haben!", sagt Ester leise.

Da hören sie auf einmal, wie jemand etwas ruft. Es ist Rabbi Jesus. Er zeigt auf sie. Jetzt sehen sie es ganz deutlich.
„Was ist denn da hinten los?", fragt er.
„Ach, da sind Kinder", antworten die Männer. „Wir haben sie gerade weggeschickt."
„Komm, schnell, lass uns gehen!", sagt Tobias leise zu Uri.
„Nein", hört er da Jesus sagen, „schickt sie nicht weg! Denn über die Kinder freue ich mich ganz besonders. Gerade ihnen habe ich viel zu erzählen."
Er winkt ihnen zu. Die Kinder gehen langsam an den Männern vorbei. Sie sind schon ganz nahe bei Rabbi Jesus. Tobias hat richtig Herzklopfen.
„Wie heißt du denn?", fragt Jesus ihn.
„Tobias!" Er zeigt auf die anderen und sagt: „Das sind meine Freunde!"
„Kommt alle her", sagt Jesus.

Vorstellungen begleitet werden kann. Deswegen werden auch dazu manche Anregungen gegeben.

Die theologische Herausforderung besteht darin, zu „übersetzen", was mit Reich Gottes gemeint ist. Hilfe dazu ist das konkrete Verhalten Jesu, an dem sich einfache Aussagen über Gott eröffnen: So ist Gott. Und auch das Segnen wird übersetzt in Elemente, die von der Taufe her bekannt sein dürften: Namensnennung, Handauflegung, Segenswort, Feierlichkeit.

Zum Schluss genügt es wohl, die Kinder auf den Heimweg zu schicken und ihr Interesse an diesem Jesus wachzuhalten.

Die Kinder gehen zu ihm und schauen ihn an.
„Setzt euch her zu mir! Ich möchte mich gerne mit euch unterhalten!", sagt er.
Die Kinder setzen sich vor ihm auf den Boden. Sie sind überrascht, dass Jesus so mit ihnen redet. Er setzt sich zu ihnen und sieht sie freundlich an.
„Gott mag Kinder besonders gern", sagt er, „denn sie wollen alles wissen und erfahren. Und wenn es sein muss, machen sie sich allein auf den Weg und lassen sich nicht abhalten!"
Ester nickt.
„Ja, so ist es", denkt sie sich. „Und dass der Zeit für uns hat!"
Jesus erzählt den Kindern Geschichten von Gott und redet mit ihnen darüber.
„Komisch", denkt Tobias, „dass die Erwachsenen immer meinen, wir würden das nicht verstehen!"
Dann fragt Jesus jedes Kind nach seinem Namen, spricht ihn laut nach, legt ihm die Hand auf den Kopf und sagt: „Gott behüte dich!"
Das ist schön und auch ein bisschen feierlich.

Es ist Abend geworden, die Kinder haben es gar nicht gemerkt.
„Ich glaube, jetzt müssen wir wirklich Schluss machen", sagt Jesus.
„Bist du morgen auch wieder da?", fragt Ester. Und als Jesus nickt, sagt sie: „Dann kommen wir wieder zu dir!"

*Gesprächsimpulse*

- Man ist enttäuscht, wenn man etwas wissen möchte und man keine rechte Antwort bekommt! Ihr habt vielleicht so etwas selbst schon erlebt!
- Sicher habt ihr auch schon andere Erfahrungen mit Erwachsenen gemacht?
- Was meint ihr wohl, was die Kinder über den Rabbi Jesus wissen wollten?
- Was hat den Kindern am Rabbi Jesus wohl am besten gefallen?
- Jesus hat nicht nur von Gott gesprochen, sondern hat die Kinder auch etwas von Gott spüren lassen. (Erzählt davon!)
- Was meint ihr wohl, was die Kinder bei Jesus von Gott kennen gelernt haben?

*Anregungen für die Freiarbeit*

### Jesus segnet die Kinder

„Dafür bist du zu klein!" –
„Dafür bist du nicht zu klein!"
Das habt ihr alle schon erlebt.
Spielt solche Szenen den anderen vor!

### Jesus segnet die Kinder

Ihr könnt zu der Geschichte euer eigenes Bilderbuch herstellen.
Zerlegt den Text in einzelne Szenen.
Klebt oder schreibt diese Textteile auf die eine Seite des Buches und malt auf der anderen Seite ein Bild dazu.
Könnt ihr dabei nur mit Farben ausdrücken, wie es den Kindern geht?

### Jesus segnet die Kinder

Ihr könnt die für euch wichtigste Szene in der Geschichte spielen.

## Jesus segnet die Kinder

Diese Geschichte ist eine Geschichte vom Reich Gottes. In solchen Geschichten erzählt Jesus von Gott. Du erfährst dabei eine Menge davon, wie Gott zu den Menschen ist. Sicher kannst du nun mit dieser Geschichte erklären, was mit Reich Gottes gemeint ist.
In einem Lexikon werden schwierige Begriffe erklärt. Du kannst für das Bibellexikon der Klasse auf Karteikarten Erklärungen zum Begriff *Reich Gottes* aufschreiben.

## Jesus segnet die Kinder

„Du, ich find dich ehrlich gut!"
Du hast vielleicht Lust, Uri und Tobias einen Brief zu schreiben.

## Jesus segnet die Kinder

Sicher habt ihr den Erwachsenen in der Geschichte viel zu sagen.
Ihr könnt so ein Gespräch spielen oder dem Onkel, dem Rabbi, den Jüngern Jesu einen Brief schreiben.

## Jesus segnet die Kinder

Formt Personen der Geschichte aus Ton oder Plastilin.
Erfindet Szenen für die Figuren.
Stellt dann alle Figuren wie auf einer Bühne auf.

## Jesus segnet die Kinder

Denkt noch einmal daran, wie sich die Freunde Jesu verhalten haben. Sie wollten die Kinder nicht zum Rabbi Jesus lassen. Stellt euch ihren Ärger vor.
Nehmt Pinsel und Farben und malt sie.
Wie sehen wohl ihre Gesichter aus (grimmig, ärgerlich oder …)?
Was sagen ihre Hände? Probiert es selbst aus.
Welche Farben passen am besten dazu?

## Jesus segnet die Kinder

Schaut euch das Bild des Künstlers genau an! Was an der Geschichte ist ihm wohl besonders wichtig? Nehmt nun Pinsel und Wasserfarben und versucht mit Farbtupfen das Geschehen darzustellen: Wie sollten die Kinder getupft werden, wie die Jünger? Wo und in welcher Farbe erscheint Jesus? Denkt daran, dass die Farben auch ineinander fließen können. Was könnte damit zum Ausdruck gebracht werden?

## Jesus segnet die Kinder

Wem möchtest du diese Geschichte schenken?
Du kannst dazu eine Grußkarte gestalten, in die du den Text klebst und Jesus mit den Kindern malst!

## Jesus segnet die Kinder

Die Kinder hatten viele Fragen an Jesus, und er hat sie wie Erwachsene behandelt.
Spielt so ein Gespräch!

## Jesus segnet die Kinder

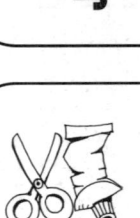

Jesus wendet sich den Kindern zu. Sie sind ihm nicht zu klein.
Stellt euch so hin wie Uri und die anderen Kinder nach der Begegnung mit Jesus sicher ausgesehen haben.
Vielleicht habt ihr Lust, so ein Kind aus Ton oder Plastilin zu formen?

## Jesus segnet die Kinder

„Achten … Beachten … Verachten … Missachten …"
In der Geschichte ist viel davon zu spüren.
Gestaltet Wortbilder mit diesen Wörtern.
Könnt ihr dabei zum Ausdruck bringen, was jeweils gemeint ist?

## Jesus segnet die Kinder

Ihr könnt mit Klängen zum Ausdruck bringen, wie es den Kindern an den verschiedenen Stellen der Geschichte geht.

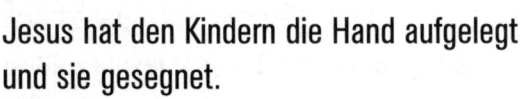

## Jesus segnet die Kinder

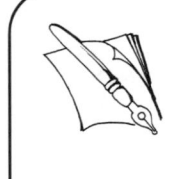

Jesus hat den Kindern die Hand aufgelegt und sie gesegnet.
Welchen Segenswunsch findest du für dich in der Kartei?
Gestalte ihn in Schmuckschrift und lege ihn in dein Schatzkästlein. Oder hast du Lust, ihn zu verschenken?

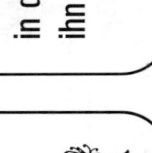

69 „Kindersegnung". Kohlezeichnung von Otto Pankok, aus: „60 Zeichnungen zur Passion". © Otto Pankok Museum Hünxe

# Maria aus Magdala

(Johannes 20,11–18)

## Begegnung mit dem Auferstandenen: Von der Trauer zu neuer Freude

*Vorüberlegungen*

Maria aus Magdala gehört zu den wichtigsten Personen der nachösterlichen Gemeinde. Im Neuen Testament ist von ihr nur wenig berichtet. Nach Lk. 8,2 hat Jesus sieben Dämonen aus ihr ausgetrieben. In der Legendenbildung wird sie oft mit der Frau gleichgesetzt, die Jesus die Füße gesalbt hat (Lk. 7,37f.). In dieser Erzählanregung soll ihre Begegnung mit dem Auferstandenen einen Zugang zum Ostergeschehen eröffnen. Sie erlebt einen Umschwung von der Trauer zu neuer Freude. Das bisher mit Jesus Erlebte ist nicht zu Ende, sondern es geht weiter. Auferstehung Jesu ist nicht Wiederbelebung des Leichnams, sondern die Lebendigkeit Jesu in seiner ganz neuen Dimension. Wesentlich ist die Kraft dieser Lebendigkeit, die Menschen in sich erfahren.

Dieser Umschwung von Trauer zur Freude ist auch für Kinder nachvollziehbar. Vielleicht haben sie ihn schon bei der Emmausgeschichte (Lk. 24) kennen gelernt. Mit diesem Zugang über das Erleben einer Person wird eine Annäherung an das Geheimnis der Auferstehungsgeschichte gewonnen, bei dem weder die Ereignisse erklärt werden noch dieses Geschehen unvermittelt und unverbunden neben der sonstigen Wirklichkeitserfahrung der Kinder stehen soll.

*Lernziele:*

– Spüren, wie in der Begegnung mit dem Auferstandenen Trauer schwindet und Freude zurückkehrt,
– entdecken, wie diese Begegnung den früheren Erfahrungen mit Jesus eine neue Bedeutung gibt,
– erkennen, dass sich die Lebendigkeit des Auferstandenen in der Kraft zeigt, die von ihm ausgeht.

## Kommentar

*1. Szene:*

*Gemeinsame Trauer*

Als Einstiegsszene wird das Beieinandersitzen der Freunde Jesu gewählt, um so deren Trauer zu erzählen und dabei an das Geschehen der Kreuzigung anzuknüpfen.

In diesem Rahmen wird Maria von Magdala näher beleuchtet. Der Tod Jesu wird aus ihrer Sicht gedeutet als das Ende all der guten Erfahrungen mit ihm. Mit der Erinnerung, wie Jesus Maria damals angeredet hat, wird die Brücke vorbereitet zu den neuen Erfahrungen mit dem Auferstandenen. Über das sinnierende Rückblicken wird Maria in der Erzählung bekannt gemacht.

Auch der Wunsch nach dem Abschiednehmen vom toten Jesus ist als solch eine Brücke gedacht. Er wird in der Begegnung mit dem Auferstandenen in einer ganz anderen Weise erfüllt werden. Gleichzeitig soll mit ihm vermieden werden, dass das leere Grab zum objektiven Beweis für die Auferstehung wird. Es ist nicht mehr als ein Bild für eine neue Gewissheit.

*2. Szene:*

*Die drei Frauen am Grab*

Der hier erzählte Textabschnitt wird in Andeutungen mit dem Osterbericht des Markusevangeliums verknüpft. An eine Harmonisierung beider Berichte ist nicht gedacht, nur an das Vermeiden von Irritationen und verunsichernden Rückfragen. Darum wird hier nur kurz berichtet und nicht weiter ausgeführt.

## Erzählanregung

Die Freunde und Freundinnen von Jesus sitzen beisammen und können nicht fassen, was gestern Abend geschehen ist: Nach dem Abendmahl mit Jesus sind sie alle zusammen in den Garten Getsemani gegangen. Plötzlich tauchten bewaffnete Männer auf, nahmen Jesus fest und führten ihn ab. Und heute Nachmittag ist er zum Hügel Golgota hinausgebracht und am Kreuz festgemacht worden, bis er starb.
Seine Freundinnen und Freunde sind entsetzt und verzweifelt.
„Warum hast du uns verlassen, Gott?", klagen einige. „Es war doch so schön mit Jesus. Er hat so viel Gutes getan!"
„Und jetzt ist er tot", sagt Jakobus. „Und die gute Zeit mit ihm ist aus und vorbei. Wir können wieder heimgehen nach Galiläa und alles ist schlimmer, als wenn wir ihn gar nicht kennen gelernt hätten!"
„Das Leben macht mir jetzt keine Freude mehr", sagt ein anderer.

Maria aus Magdala sitzt dabei und hängt ihren Gedanken nach. Ja, es sind gute Erfahrungen, die sie mit Jesus gemacht hat. Sie denkt daran, wie sie ihm zum ersten Mal begegnet ist. Krank war sie damals, von bösen Träumen gequält. Sie hatte keinen Mut etwas anzupacken, sich etwas vorzunehmen. Vor jedem neuen Tag hatte sie Angst. Dann sprach Jesus sie an. „Maria," sagte er, „dein Leben soll jetzt richtig beginnen. Du sollst frei sein von all den bösen Gedanken, die dich quälen."
So ist es geschehen. „Maria" – sie hört noch dieses Wort in ihrem Ohr, wie er ihren Namen ausgesprochen und ihr erklärt hat: „Gott hat dich bei deinem Namen genannt, du gehörst zu ihm. Und Gott ist stärker als all das, was dich quält und krank macht." Sie ist dann mitgegangen mit Jesus und den Jüngern. Und ihr Leben ist anders geworden – freier, schöner, heller.

Aber jetzt? Was ist davon geblieben? Ob jetzt die bösen Gedanken wieder zurückkommen und ihr Leben schwer machen? Wenn es stimmt, was Jakobus sagt, dass nun alles wieder so wird wie früher oder noch schlimmer? Ob jemals wieder einer sie so beim Namen nennt, wie Jesus es getan hat? Maria seufzt. Aber eines wird sie noch tun. Sie wird von dem toten Jesus Abschied nehmen, auch wenn das die Römer, die ihn verurteilt haben, gar nicht gern sehen. Sie wird zum Grab gehen und den Leichnam salben und zur letzten Ruhe betten. Wer von den anderen mitkommen will, soll es tun.

Mit zwei Frauen, die auch Maria heißen wie sie, eilt Maria aus Magdala am frühen Morgen nach dem Sabbat hinaus zum Felsengrab. Da geschehen seltsame Dinge. Ein Engel erscheint den drei Frauen am Grab und sagt: „Ihr sucht Jesus bei den Toten? Da ist er nicht! Gott hat ihm neues Leben geschenkt!"
Voller Schreck laufen die Frauen davon. Doch später kommen sie mit einigen von den anderen zurück. Den toten Jesus aber finden sie nicht. Verwundert, aufgeregt gehen sie wieder zurück nach Jerusalem.

*3. Szene:*

*Maria begegnet den Engeln*

Dann rückt Maria genauer ins Bild, nämlich mit ihren Gefühlen. Die folgenden Begegnungen sollen auch als Visionen der Maria verstanden werden können. Deshalb wird so konsequent vom Subjekt Maria her erzählt, von ihren Wahrnehmungen, nicht vom Subjekt der Engel oder des Auferstandenen aus.

Beim Nacherzählen wird versucht, die bei Johannes vorliegende Dominanz der äußeren Bilder vom leeren Grab konsequent in die inneren Bilder des Abschiednehmens umzusetzen.

*4. Szene:*

*Marias Begegnung mit dem Auferstandenen*

Die Mitte dieser Geschichte ist die Anrede der Maria, das Nennen ihres Namens. In dieser Szene erschließt sich die Ostererfahrung. Dem Auferstandenen werden dann deutende Worte in den Mund gelegt. Hier mögen die Meinungen auseinander gehen, wie viel davon nötig ist.

*5. Szene:*

*Allein und doch nicht allein*

Auch bei der abschließenden Szene steht hier noch einmal bekräftigend die Deutung im Vordergrund. Dazu kommt das Erleben neuer Freude, in dem der Umschwung von der Trauer zur Freude zum Ziel kommt.

Nur Maria von Magdala bleibt noch da. Sie setzt sich auf einen Stein und versucht Ordnung in ihre Gedanken zu bringen. Aber es gelingt ihr nicht. Sie weiß nur eines: Ihr Jesus ist nicht da! Nicht einmal mehr Abschied nehmen kann sie von ihm.
Die ganze Trostlosigkeit überfällt sie wieder. Sie sitzt da und weint. Dann rafft sie sich auf, geht noch einmal zum Felsengrab hin und schaut hinein. Da sieht sie ein helles Licht. Sie erkennt zwei Gestalten in weißen Kleidern – Engel.
„Frau, warum weinst du?", hört sie die Engel fragen. Da bricht es aus ihr heraus und sie klagt laut: „Jesus ist weg! Nicht einmal mehr verabschieden kann ich mich von ihm! Wo ist er nur? Er kann doch nicht einfach verschwinden! Er kann uns doch nicht allein lassen!"
Laut weinend will sie weglaufen. Da sieht sie hinter sich jemanden stehen, einen Mann. Sie hört seine Stimme.
„Warum weinst du?", fragt auch er.
„Ich suche Jesus", schluchzt sie. „Wenn ich ihn nur noch einmal sehen könnte, damit ich noch einmal in seiner Nähe sein kann. Er hat so viel Schönes in mein Leben gebracht. Kannst du mich nicht zu ihm führen?"

Da hört sie, wie der Mann ihren Namen sagt, genauso wie Jesus, damals vor vielen Monaten – sanft, beschwörend: „Maria!"
Sie stürzt zu ihm hin: „Jesus, du bist es, Rabbuni, mein Meister!" Sie will ihn umarmen vor Freude. Er aber weicht zurück.
„Du kannst mich nicht anrühren, Maria", hört sie die Stimme Jesu, „denn ich gehöre jetzt zur unsichtbaren Welt Gottes. Aber ich lebe und du sollst auch leben! Du hast meine Stimme gehört und genauso bin ich bei dir mit meiner Kraft – auch wenn du mich nicht mehr sehen kannst. Was du mit mir erlebt hast, das ist nicht zu Ende, sondern geht jetzt weiter. Sag es auch den anderen: Ich lebe und bin bei euch jeden Tag!"

Dann ist sie wieder allein. Aber etwas Wichtiges ist mit ihr geschehen. Sie fühlt sich nicht mehr so verlassen, so verzweifelt wie vorhin. Im Gegenteil: Eine große Freude erfasst sie. Sie ist ganz erfüllt von dem, was sie gesehen und gehört hat. Sie könnte singen und springen vor Freude. Den toten Jesus wollte sie sehen, um noch ein paar Erinnerungen festzuhalten, und nun ist sie dem Lebendigen begegnet.
Ganz deutlich sieht sie vor ihrem inneren Auge, wie Jesus sich ihr zugewendet hat. Wie sie ihn erkannt hat. Und sie hört dieses Wort „Maria" und spürt, wie ihr dabei ganz warm wird.
Mit Jesu Worten ist auch alles Frühere wieder ganz lebendig in ihr. Sie sieht sich unterwegs mit Jesus und spürt, wie schön es war, mit ihm zusammen zu sein. Dieses „Maria" ist ein neuer Anfang für sie. Und sie ist sich ganz sicher, dass sie noch viel mit Jesus erleben wird, auch wenn sie ihn nicht mehr sehen kann wie früher. Sie spürt, dass er da ist.
„Das muss ich den Freunden erzählen", sagt sie laut. „Jetzt gleich, sofort!"
Und schnell läuft sie zurück in die Stadt.

*Gesprächsimpulse*

- Jetzt ist alles aus, sagen die Jünger. Versuche dir vorzustellen, was sich bei ihnen verändert hat, seit Jesus tot ist!
- Mit welchen Gedanken denken sie wohl an ihre Zukunft?
- Vor was hat wohl Maria besondere Angst, wenn sie an ihre Zukunft denkt?
- Der Jesus, dem Maria begegnet, ist derselbe, den sie von früher kennt, und er ist zugleich ein anderer. Versuche diesen Widerspruch zu erklären!
- Maria sitzt nach der Begegnung mit dem Auferstandenen wieder alleine da, und trotzdem ist so viel anders geworden in ihr!
- In der Geschichte kommt manches vor, was man nicht erklären kann. Was meint ihr dazu?
- Was würde Maria den anderen wohl antworten, wenn sie sagen: Das ist doch alles nur Einbildung!

*Anregungen für die Freiarbeit*

### Maria aus Magdala

Versucht die Stationen im Leben der Maria pantomimisch darzustellen.
Können eure Mitschüler/innen erkennen, zu welcher Station eure Pantomime passt?

### Maria aus Magdala

Sammelt „Mutmachsätze", die Jesus zu Maria gesagt haben könnte. Du kannst diese Sätze in einem Schatzkästchen sammeln.
Können die Sätze auch dir Mut machen?

### Maria aus Magdala

Gestalte den Namen der Maria aus Magdala in konkreter Poesie.

## Maria aus Magdala

Spielt ein Streitgespräch zwischen Maria und Thomas, der sagt:
Ich glaube nur, was ich anfassen kann.

## Maria aus Magdala

Gestaltet eine Osterkerze, auf der die Erfahrungen der Maria zum Ausdruck kommen.

## Maria aus Magdala

Maria kommt zu den noch verängstigten Jüngern und Jüngerinnen zurück.
Spielt diese Begegnung.

## Maria aus Magdala

Schreibe einen Tagebucheintrag zur Begegnung der Maria mit dem Auferstandenen.

## Maria aus Magdala

Schreibt für euer Lexikon des christlichen Glaubens einen Beitrag zum Stichwort „Auferstehung".

## Maria aus Magdala

Male ein Bild ohne Figuren, nur aus Farben. Mische düstere, traurige Farben und beginne damit dein Bild. Lass dann die dunklen Farben in bunte und helle Freudenfarben und Tupfer übergehen – so wie aus Maria Magdalenas Trauer langsam tiefe Freude wird.
*Siehe Gestaltungskarte Farbbegrenzung.*

## Maria aus Magdala

Gestaltet den „Erfahrungsweg der Maria" als Bodenbild mit Tüchern, Naturmaterialien, Symbolen.

## Maria aus Magdala

Gestalte mit Ton oder Modelliermasse Maria vor und nach der Begegnung mit dem Auferstandenen.

# Pfingstgeschichte

(Apostelgeschichte 2)

## In Ängstlichkeit erstarrt sein – „Be-GEIST-erung" erleben – in Bewegung kommen

*Vorüberlegungen*

Das Brausen des Sturmes, die Feuerflammen auf den Köpfen der Jünger, das Verstehen fremder Sprachen – diese Elemente machen das Verständnis der Pfingstgeschichte schwer. In dieser Erzählanregung wird versucht, sie nicht als äußeres, sondern als inneres Geschehen zu erfassen. Die Beteiligten erleben die Gegenwart des Heiligen Geistes als Begeisterung für die Sache Jesu und damit als das Ende ihrer Mutlosigkeit. Das wunderhafte Geschehen ist ein kräftiger Auftakt der folgenden Missionstätigkeit der Apostel, bei der diese Verwandlung zur Geltung kommt, die von Ängstlichkeit zur Entschlossenheit zum Weitersagen des Evangeliums zur Geltung führt.

Kinder können sich wiederfinden in dieser Spannung von Ängstlichkeit und Mut. In der Geschichte lernen sie den Glauben an Jesus Christus als etwas Frohmachendes, Begeisterndes, Aufbauendes kennen. Der Heilige Geist befreit zum selbstständigen Tun, das nicht ohne positives Echo bleibt. Das Wunderbare dieser Geschichte ereignet sich nicht außerhalb ihres Verständnisses von Wirklichkeit, sondern wird integriert und bleibt dennoch ein ganz außergewöhnliches Ereignis. Kinder erleben an dieser Geschichte auch, dass Glaube ein Geschenk Gottes ist, das eigene Kräfte freisetzen kann.

*Lernziele*

- Die Wirkung des Heiligen Geistes im Wandel von Mutlosigkeit zu Aufbruch und Begeisterung erfahren,
- entdecken, dass der Heilige Geist im Erleben und Weitergeben der frohen Botschaft von Jesus Christus zum Wirken kommt,
- den Heiligen Geist als Geschehen, Kraft, Ereignis kennen lernen, im Unterschied zu einer Person (Taube, dritte Person der Trinität).

## Kommentar

*1. Szene:*

*Pfingstfest in Jerusalem*

Mit dem Bild der von Wallfahrern bevölkerten Stadt wird das Pfingstfest als jüdisches Bundesfest bekannt gemacht. Ausführlicher könnte das noch mit dem Erzählen von einem Besuch im Tempel geschehen, bei dem die Bekräftigung des Bundes mit Gott miterlebt wird.

*2. Szene:*

*Bei den Jesusfreunden*

In einem ersten Gesprächsgang geschieht die Anknüpfung an das Ostergeschehen, an die zugesagte Präsenz des Auferstandenen. Aber es fehlt noch der Mut und die Kraft, das Evangelium auch an fremde Menschen weiterzusagen. Die Verzagtheit der Freunde wird sich dann im Pfingstereignis ins Gegenteil verkehren. In dieser Umkehrung wird erzählbar, was der Heilige Geist ist.

*3. Szene:*

*„Be-geist-erung" regt sich*

Wie beginnt diese Umkehrung? Entgegen den äußeren Ereignissen, die im Lukasevangelium sehr unvermittelt hereinbrechen, wird hier erzählt, wie sich Begeisterung entzündet, von einem Flämmchen zum großen Feuer wird. Die Jesusgeschichten stellen den Bezug zu den Erfahrungen her, die die Jünger mit Jesus gemacht haben – vor allem solche, in denen der Kontrast zwischen dem kleinen Anfang und der Hoffnung auf große Wirkung das Thema war.

*4. Szene:*

*Türen gehen auf*

Dann kommt die größte Herausforderung für das Nacherzählen: Wie kann

## Erzählanregung

Sieben Wochen ist es jetzt her, seit Jesus gefangen genommen und gekreuzigt wurde. Und wieder ist ein Fest in Jerusalem. Die Stadt ist voll von Pilgern. Juden, die in anderen Ländern wohnen, sind nach Jerusalem gekommen, um hier das Bundesfest zu feiern und sich dabei an den Bund zu erinnern, den Gott mit seinem Volk vor langer Zeit geschlossen hat.

In einem Haus sitzen die Jesusfreunde beieinander.
„Vor sieben Wochen, als wir das Passafest feierten, da war Jesus noch bei uns", sagt Andreas. „Und jetzt sitzen wir ohne ihn da!"
„Aber er ist doch unsichtbar da", widerspricht Maria. „Er ist mit seiner Kraft bei uns, damit wir weitererzählen, was wir mit ihm erlebt haben!"
„Ja schon", meint Jakobus, „aber wenn ich draußen die vielen Soldaten sehe, dann vergeht mir der Mut dazu."
Die anderen nicken. „So geht es uns auch", murmeln ein paar.
„Und außerdem", redet Simon weiter, „hätte es doch gar keinen Sinn, denen da draußen von Jesus zu erzählen. Erstens verstehen uns die meisten gar nicht und zweitens können die sich auch gar nicht vorstellen, dass wir mit Jesus so viel von Gott erfahren haben. Und drittens werden die auch nie begreifen, dass Jesus lebt und unsichtbar bei uns ist."
„So wie wir dasitzen, so mutlos und zaghaft, kann man es ja auch gar nicht verstehen", sagt Philippus. „Da müsste schon etwas passieren! Man müsste uns ansehen und spüren, dass Jesus mit seiner Kraft bei uns ist!"

„Erinnert ihr euch noch", fängt nach einer Weile eine der Frauen an, „wie wir mit Jesus manchmal auch so mutlos waren, weil viele Leute immer noch nicht verstanden, wer er ist? Und dann haben wir wieder Großartiges erlebt, als viele zusammenkamen und ihm gebannt zuhörten."
„Ja, und als wir alle Hunger hatten", erzählt Andreas weiter, „und Jesus uns beauftragte, unsere paar Brote mit den anderen zu teilen, und wir dachten, das geht bestimmt schief, das reicht doch hinten und vorne nicht, und alle, alle wurden satt! Das war so wunderbar!"
„Wisst ihr noch", eifert sich Susanna, „als er uns das kleine Senfkorn und die große Senfstaude zeigte und sagte: So wird aus dem winzigen Korn meiner Botschaft durch uns alle ein riesengroßer Strauch wachsen. Da hat es mich richtig gepackt. Da wusste ich, dass es richtig ist, mit ihm zu gehen!"

Immer mehr Geschichten fallen ihnen ein, sie kommen richtig in Fahrt, bekommen vor Eifer rote Köpfe, reden mit den Händen. Dabei merken sie gar nicht, dass ein paar Fremde in der Tür stehen und ihnen aufmerksam zuhören. Erst als einer von ihnen zu sprechen beginnt, schrecken sie auf.
„Von wem erzählt ihr so tolle Geschichten?", fragt er.

das Erfasstwerden vom Geist Gottes in Sprache und Bilder gefasst werden, ohne auf die lukanische „Außensicht" zurückgreifen zu müssen? Hier wird versucht, im Hinzukommen von Gästen, deren erstaunlichem Interesse und dem korrespondierenden „In-Fahrt-Kommen" der Jüngerinnen und Jünger einen Erzählweg zu finden. Das ist eine Möglichkeit. Der Umschwung könnte sich auch im Aufbruch der Gruppe nach draußen hin vollziehen, bei dem die Ängstlichkeit schwindet und die Kraft des Heiligen Geistes, die Kraft des unsichtbaren Jesus erfahren wird.

Auch die Szenerie kann verschieden erzählt werden. Hier bleibt sie ganz beim Haus. Das Neue wird mit der offenen Tür in ihrer symbolischen Bedeutung erfasst. Genauso gut könnte sich die Handlung auch im Tempelbereich abspielen – das Element der Öffentlichkeit würde so noch verstärkt.

*5. Szene:*

*Der Heilige Geist ergreift die Menschen*

Schwierig ist es auf jeden Fall, die pfingstliche Begeisterung zu erzählen. Im freien Erzählen mag dies noch unmittelbarer und spontaner zur Geltung kommen. Singen und Körperhaftigkeit gehören sicherlich zu den Erscheinungsformen dieser Begeisterung dazu. Immer aber geht es um ein inneres Geschehen, das eigentlich nur in Dialogen angemessen zur Sprache kommen kann.

In solchem Zusammenhang kommen auch die biblischen Symbole Feuer, Sturm, Sprachen-Verstehen zur Geltung. Sie sollen die Brücke schlagen zum Bibeltext, der gegebenenfalls nachgelesen wird. Wer mehr Bibelnähe sucht, mag hier noch verstärken.

Mit der Taufankündigung, bildlich gefasst als Zug zum Bach im Tal, klingt die Erzählung aus.

„Von Jesus", antwortet Petrus, „aber ihr werdet euch kaum vorstellen können, was er für uns bedeutet hat!"
„Doch, doch", sagen die an der Tür. „Was ihr da erzählt, klingt gut! Erzählt doch weiter!"
Einer von denen an der Tür dreht sich um und winkt andere herein. Der Raum füllt sich und aufmerksam hören die Gäste zu. Die Freunde Jesu erzählen weiter. Sie müssen jetzt laut reden. Von draußen drängen immer mehr Menschen in das Haus.

„Was ist denn hier los?", fragen einige draußen.
„Sie erzählen von Jesus", antworten die drinnen.
„Kommt heraus! Wir wollen auch etwas hören!", ruft einer von hinten.
Da bahnt sich Petrus einen Weg und geht hinaus.
„Wo ist denn dieser Jesus geblieben?", ruft einer neugierig.
Und Petrus erzählt weiter: „Er ist zum Tod verurteilt und gekreuzigt worden, aber Gott hat ihn auferweckt und er ist mit seiner Kraft bei uns!"
„Das merkt man", ruft jemand, „so feurig, wie ihr von ihm erzählt. Ich habe noch nie so wunderbare Geschichten gehört!"

Eine Frau fängt an zu singen, die anderen stimmen ein. Wie Wellen werden alle von dem Lied erfasst, nehmen es auf, klatschen mit, wiegen sich im Rhythmus. Ein paar von den Jüngern schauen sich verwundert an: „Jetzt ist es wie mit dem Senfkorn und dem großen Baum! Es ist wunderbar! Es ist, wie wenn ein Feuer der Begeisterung ausgebrochen ist, es brennt in uns, in jedem von uns und in den vielen Menschen da, die wir gar nicht kennen!"
„Meine Angst ist wie weggeblasen", ruft Jakobus ganz atemlos. „Seht nur, wie die vielen da auf Petrus hören!"
Petrus hat sich auf ein Podest gestellt und erzählt und erzählt.
„Ich fasse es nicht!", ruft ein anderer der Freunde. „Jesu Kraft hat die Menschen gepackt! Wie ein Sturmwind! Seht nur hin!"
Inzwischen hat Petrus aufgehört zu reden. Die Menschen singen und freuen sich.
„Sie verstehen, was wir erzählen!", freut sich Andreas. „Wie ist das nur möglich, dass sich so viele Menschen für Jesus interessieren und dass sie alle spüren: Er ist da! Er ist mitten unter uns!"
Ein paar Leute kommen die Straße entlang, schütteln die Köpfe und sagen: „So früh am Tage und alle sind schon betrunken! Na sowas!" Die anderen hören gar nicht hin, sie lauschen wie gebannt den Worten des Petrus.
„Einer von euch hat mich gerade gefragt", ruft er laut, „wie man zu den Freunden Jesu gehören kann. Jesus hat Gottes Geist und Kraft bei seiner Taufe erlebt. Die Taufe ist das Zeichen dafür, dass Jesus bei uns ist und wir zu ihm gehören."
„Dann möchten wir auch getauft werden", rufen viele.
Bald danach zieht eine große Schar von Menschen hinunter zum Bach.

*Gesprächsimpulse*

- In dieser Geschichte ist ja einiges passiert! Was meint ihr dazu?
- Könnt ihr euch vorstellen, was die Freunde Jesu am Beginn der Geschichte so mutlos machte?
- Wo habt ihr in dieser Geschichte gerne zugehört? Was hat euch gut gefallen?
- Was habt ihr als besonders überraschend empfunden?
- Vergleicht, wie es den Jüngerinnen und Jüngern am Anfang und am Schluss dieser Geschichte ging!
- Später erzählten die Jünger und Jüngerinnen immer wieder von diesem Tag. Überlegt, was das Besondere war, das sie hier erlebten!
- Man sagt, dass an Pfingsten der Heilige Geist erschienen ist. Was meint ihr, wo dies in dieser Geschichte geschah?

*Anregungen für die Freiarbeit*

### Pfingstgeschichte

Sucht nach neuen Bildern und / oder Gegenständen, die davon erzählen können, wie Menschen durch Begeisterung in Bewegung kommen.

### Pfingstgeschichte

Versucht die Verwandlung der Jüngerinnen und Jünger Jesu von Mutlosigkeit in Begeisterung in Farben auszudrücken. Malt ihre Gesichter so, dass man sieht, was in ihnen vorgeht (Nachdenken, Erstaunen, Freude …). Welche Farben helfen euch, dies darzustellen?

### Pfingstgeschichte

Sucht in der biblischen Geschichte nach Bildern, die davon erzählen, wie der Heilige Geist bei den Menschen wirkte, und gestaltet daraus ein eigenes Bild.

## Pfingstgeschichte

Spielt einen Reporter, der Leute auf dem Weg zum Fluss befragt.

## Pfingstgeschichte

Es gibt Bücher zur Bibel, in denen erklärt wird, was der biblische Schreiber wohl mit einzelnen Sätzen gemeint haben mag. Versucht in diesem Sinne zu folgendem Satz eine Erklärung zu verfassen: *„Und es geschah plötzlich ein Brausen vom Himmel wie von einem gewaltigen Wind und erfüllte das ganze Haus, in dem sie saßen."*
Schreibt auf eine Karteikarte oben den biblischen Satz, darunter eure Erklärung.

## Pfingstgeschichte

Schreibt einen Tagebucheintrag eines Jüngers Jesu, einer Person, die hinzukam, und eines Passanten, der vorbeiging.

## Pfingstgeschichte

In einem Lexikon werden schwierige Begriffe erklärt. Du kannst für das Bibellexikon der Klasse auf Karteikarten Erklärungen zu folgenden Begriffen aufschreiben:
*Pfingsten:*
*Heiliger Geist:*

## Pfingstgeschichte

„Ihr seid doch alle betrunken!" –
Spielt ein Gespräch zwischen Menschen, die so denken, den Freunden Jesu und anderen Begeisterten.

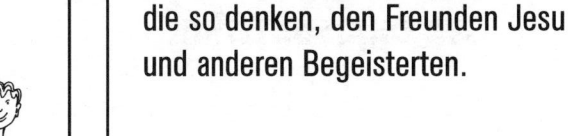

## Pfingstgeschichte

Du kannst das Wort Pfingsten und andere Begriffe aus der Geschichte, die dir wichtig sind, in verschiedenen Formen konkreter Poesie gestalten.

## Pfingstgeschichte

Erfindet eure „Pfingstgeschichte".
Lasst euch durch folgende Sätze anregen:
„.... *da ging mir plötzlich ein Licht auf!*"
„.... *da war ich Feuer und Flamme!*"
„.... *da hat sich unerwartet eine Tür geöffnet!*"
„.... *und plötzlich kam ich in Bewegung!*"
„.... *und Menschen konnten einander verstehen!*"

## Pfingstgeschichte

Martin Luther hat einmal gesagt:
„Der Heilige Geist ist wie ein fahrender Platzregen."
Du hast bestimmt eine Vorstellung davon, was Luther wohl damit gemeint hat.
Du kannst diesen Satz in Schmuckschrift eindrücklich schreiben und mit Bildern und Farben ein Plakat dazu gestalten.

## Pfingstgeschichte

Ihr könnt die verschiedenen Stationen im Aufbruchsgeschehen von Pfingsten mit einfachen Mitteln im Sandkasten bauen, auf der Styroporplatte gestalten, mit einfachen Stempeln drucken.

## Pfingstgeschichte

Gestalte mit deinem Lieblingssatz aus der Pfingstgeschichte und einem Bild eine Grußkarte zum Pfingstfest.

## Pfingstgeschichte

Die Freunde Jesu erinnern sich an viele Geschichten und Begebenheiten, die sie mit Jesus erlebt haben. Immer wieder ging es auch dort um die Verwandlung von Angst in Mut. Stellt solche Geschichten pantomimisch dar. Ob die anderen in der Klasse wohl die Geschichten wiedererkennen?

## Pfingstgeschichte

Versucht mit Orff-Instrumenten die Veränderung in den Jüngern darzustellen.

# Ein Afrikaner wird getauft
(Apostelgeschichte 8,26–39)

## Ein Ausländer erfährt freundliche Aufnahme

*Vorüberlegungen*

Diese Missionsgeschichte kennzeichnet und legitimiert den wichtigen Übergang von der Mission unter Juden zu der unter Nicht-Juden. War die Gemeinde derer, die sich zu Jesus bekannten, ursprünglich eine Gruppe innerhalb des Judentums, gewissermaßen eine jüdische Splittergruppe, so fanden später Menschen Zugang zu ihr, ohne dabei zum Judentum konvertieren zu müssen. Der Kämmerer, die Hauptperson der Geschichte und seines Zeichens Hofbeamter der äthiopischen Königin, war Eunuch. Das war damals bei hohen Beamten von Königinnen so üblich. Mit diesem Makel aber konnte er nicht Jude werden, obwohl er sich doch als so genannter Gottesfürchtiger dem Glauben an den Gott Israels so sehr verbunden fühlte.

Während Mission in der Christentumsgeschichte meist mit Vorstellungen von einem aufdringlichen Werben für den christlichen Glauben bis hin zur erzwungenen Mitgliedschaft in der Kirche verbunden ist, geht es hier um eine umgekehrte Situation: Bestehende Hürden werden überwunden, dem Interesse an der Zugehörigkeit wird nichts Trennendes in den Weg gestellt. Es wird keine Glaubensprüfung abverlangt und auch keine aktive Mitgliedschaft in der christlichen Gemeinde. Verstehensschwierigkeiten lösen sich im Gespräch auf, bei dem der Heilige Geist am Wirken ist.

In ihrer Erfahrungswelt sind Kinder immer wieder mit dem Problem der Ausgrenzung anderer konfrontiert. Auf der einen Seite sind sie oft unter denen, Grenzen ziehen, auf der anderen leiden sie darunter, wenn dies andere bei ihnen tun. Mit dieser Geschichte wird ein Impuls gegen den Trend zum Ausgrenzen anderer gesetzt, und Ausgegrenzte erleben in der Geschichte mit, dass es auch das Gegenteil zu solchen Erfahrungen gibt und der Wille Gottes dahinter steht. In diesem Sinne nimmt die Geschichte den Faden wieder auf, der schon in Jesu Begegnungen mit den Menschen am Rande der Gesellschaft gesponnen wurde. Dies geschieht in dem Erzählvorschlag auch ganz unmittelbar, indem Philippus dem Äthiopier von solchem grenzüberschreitenden Wirken Jesu erzählt.

*Lernziele*

– Die Enttäuschung des Kämmerers darüber nachempfinden, dass ihm die Mitgliedschaft im Volk Gottes verwehrt ist,
– entdecken, dass das Überwinden von Abgrenzungen und Aussonderung ein Wesensmerkmal des christlichen Glaubens ist,
– sich bewusst werden, dass das Wesentliche am Leben und Wirken Jesu, Tod und Auferstehung und seine unsichtbare Gegenwart in wenigen Sätzen treffend zum Ausdruck gebracht werden können.

## Kommentar

*1. Szene:*

*Mit dem Kämmerer unterwegs*

Wir nähern uns langsam der Hauptperson der Geschichte. Wie bei einer zoomenden Kamera rückt sie immer näher. Die äußeren Besonderheiten sollen auf die Person neugierig machen. Im Selbstgespräch gibt der Minister über den Grund seiner Reise Auskunft, zunächst mehr in Andeutungen als in einem ausführlichen Bericht.

Mit dem Rückblick auf den Besuch in Jerusalem erfahren wir mehr von ihm. Anstelle seines Eunuchen-Merkmals wird vereinfachend erzählt, dass er als Ausländer keinen Zutritt zum inneren Bereich des Tempels bekam.

Damals war es üblich, laut zu lesen. Das in der Tat schwierig zu verstehende Zitat aus dem Deuterojesaja lässt die Verstehensnot des Lesenden nachempfinden. Gemeint ist mit diesem Text der Zusammenhang von Erniedrigung und Erhöhung Jesu. Seine Erniedrigung ist der Weg zu Kreuz und Tod, seine Erhöhung die Auferweckung und sein Platz bei Gott.

In diesem Bibelzitat, das wie eine verschlossene Tür ist, verdichtet sich für den Äthiopier das Gefühl des Ausgeschlossenseins, der vergeblichen Bemühungen, Zugang zur Gemeinschaft der an Gott Glaubenden zu gewinnen.

## Erzählanregung

Weit weg von der Stadt Jerusalem, auf einer staubigen Straße ohne Bäume, fährt in der größten Mittagshitze eine Kutsche. Es ist eine vornehme Kutsche. Das Wageninnere ist angenehm gepolstert, das Dach gibt einigermaßen Schatten. Wer genauer hinsieht, kann erkennen, dass die Tür mit dem Staatswappen eines afrikanischen Königreichs geschmückt ist.
Ein Mann mit schwarzer Hautfarbe sitzt in der Kutsche. An seiner Kleidung kann man erkennen, dass es eine sehr vornehme Person ist. Es ist der Finanzminister der äthiopischen Königin, eine der wichtigsten Personen im Staat. Der Mann liest aufmerksam in einer Schriftrolle, aber er macht kein glückliches Gesicht. Er schüttelt vielmehr den Kopf, legt die Rolle weg und seufzt.
„Jetzt habe ich so eine weite Reise gemacht nach Jerusalem, um mehr von dem Gott der Juden zu erfahren, von dem ich zu Hause gehört und gelesen habe!", redet er halblaut vor sich hin. „Seit Jahren schon interessiere ich mich für ihn. Jetzt habe ich endlich Zeit gehabt, um nach Jerusalem zu reisen. Und? Was habe ich davon? Nichts!"

Erinnerungen steigen in ihm hoch.
„Wie habe ich mich gefreut, als ich den Tempel vor mir sah und den Schmuck seiner mächtigen Wände, der in der Sonne leuchtete. Ich habe mich darauf gefreut, gemeinsam mit den anderen Gottesdienst zu feiern und zu diesem Gott zu beten, aber nichts war es! Man hat mir ja gleich angesehen, dass ich Ausländer bin – und der Minister einer fremden Königin noch dazu. Zutritt verboten, hieß es, kein Zugang für Mitglieder einer anderen Religion! Wenigstens konnte ich mir ein paar Schriftrollen kaufen, um mehr von diesem Gott zu lesen. An Geld fehlt es mir ja zum Glück nicht. Aber jetzt plage ich mich schon stundenlang damit herum!"
Er nimmt eine Rolle in die Hand, hält sie hoch – und lässt sie gleich wieder sinken. „Kein Wort verstehe ich. Was ist bloß gemeint mit diesen Sätzen? Ich kenne die hebräische Sprache gut und verstehe doch kein Wort!"

Laut liest er vor: „Wie ein Schaf, das zur Schlachtung geführt wird, und wie ein Lamm, das vor seinem Scherer verstummt, so tut er seinen Mund nicht auf. In seiner Erniedrigung wurde sein Urteil aufgehoben. Wer kann seine Nachkommen aufzählen? Denn sein Leben wird von der Erde weggenommen."
Er schüttelt wieder den Kopf.
„Was soll das bloß heißen? Ich bekomme einfach keinen Sinn in diese Worte."
Er seufzt und liest noch einmal laut aus der Schriftrolle.

*2. Szene:*

*Begegnung mit Philippus*

Der Fremde bietet seine Verstehenshilfe an. Die Neugier wächst. Die Wirkung des Zusammenseins wird schon spürbar im Verschwinden der schlechten Laune des Lesenden. Während der biblische Text über die Auslegung des Philippus nichts berichtet, wird im Erzählvorschlag die Chance genutzt, auch inhaltliche Brücken zum Wirken Jesu zu schlagen. Gut eignen sich dafür Geschichten, in denen Jesus genau das überwindet, worunter der Kämmerer leidet. Je nach den Gegebenheiten kann hier auch weiter ausgeholt werden. Das Interesse dieses Ausländers, der noch nichts von Jesus weiß, könnte eine gute Gelegenheit für die Kinder sein, die Geschichten von Jesus wie er mit neuen Ohren zu hören.

Jetzt drängt das Erzählen von Jesus auf sein Leiden und Sterben und seine Auferweckung zu. Hier wird versucht, den Zusammenhang von Erniedrigung und Erhöhung Jesu nicht in Aussagen über die Person Jesu Christi zu fassen, sondern von den Erfahrungen der Jüngerinnen und Jünger her zu erzählen und sie so lebendig werden zu lassen. Von Passion, Auferstehung und von Pfingsten erfährt der Kämmerer in einer Weise, die sein Interesse lebendig hält und seinen Wunsch bekräftigt, auch zu dieser Gemeinschaft der Christen zu gehören. Auf die Erfüllung dieses Wunsches also läuft der Bericht vom erniedrigten und erhöhten Christus zu.

Als er wieder den Kopf hebt, sieht er auf einmal einen Mann neben seiner Kutsche hergehen. Der grüßt ihn und fragt: „Verstehst du denn, was du liest?"
„Kein Wort verstehe ich", gibt der Minister zu. „Aber vielleicht kannst du es mir ja erklären?"
Der Fremde nickt und sofort lässt der Minister die Kutsche anhalten und den Gast aufsteigen.
„Ich bin Philippus", sagt der, „ich will dir sagen, wer mit dem Lamm gemeint ist."
„Jetzt bin ich aber neugierig", antwortet der Minister. Seine schlechte Laune ist verflogen.
Da fängt Philippus an, von Jesus zu erzählen: „Jesus hat sich um Menschen gekümmert, von denen die anderen nichts wissen wollten, weil sie krank oder behindert und vom Gottesdienst ausgeschlossen waren. Jesus aber sagte ihnen, dass Gott gerade für sie da ist. Das machte die Menschen wieder froh."
Jetzt ist der Minister hellhörig.
„Dieser Jesus interessiert mich!", sagt er und breitet die Arme aus. „Mir ist es nämlich genauso gegangen: Sie haben mich vom Gottesdienst ausgeschlossen. Erzähl weiter von Jesus!"

„Seine Feinde haben ihn getötet", fährt Philippus fort.
Enttäuscht lässt der Minister die Arme sinken. Aber die Geschichte ist zum Glück noch nicht zu Ende.
„Bald darauf erschien uns Jesus und sagte: Weint nicht um meinen Tod. Ich bin lebendig bei Gott. Ihr könnt mich nun zwar nicht mehr sehen, aber ihr sollt wissen, dass ich bei euch bin. Alles, was ich gesagt und getan habe, ist nicht zu Ende und nicht verloren. Es gilt und ihr sollt es weitersagen."
Jetzt ist der Minister sehr gespannt und beugt sich zu Philippus:
„Und, habt ihr es weitergesagt?"
„Zuerst waren wir ganz verzagt", sagt der, „aber dann, am Pfingstfest in Jerusalem, geschah etwas Großartiges. Wir spürten auf einmal Gottes guten Geist in uns. Es war wie Feuer, das in uns zu brennen anfing, wie ein frischer Wind, der uns in Schwung brachte. Menschen kamen zu uns ins Haus, die wir nie vorher gesehen hatten, Ausländer aus allen möglichen Ländern. Sie hörten zu und sagten: Was Jesus gesagt und getan hat, das ist auch für uns wichtig, das soll auch für uns gelten! Auch wir wollen darauf vertrauen, dass Gott uns liebt und dass der auferstandene Jesus bei uns ist, überall, wo wir auch sind."
Der Minister ist nun ganz aufgeregt.
„Das ist ja genau das, was ich gesucht habe! Zu diesem Gott möchte ich gehören, so wie es Jesus gesagt hat! Ach, wenn ich doch bei diesem Pfingstfest dabei gewesen wäre! Wenn ich doch auch ein bisschen von Gottes Heiligem Geist abbekommen hätte!"
Philippus nickt nur kurz und erzählt gleich weiter: „Und dann haben wir diese Menschen getauft auf den Namen Gottes und den Namen Jesu Christi und den Namen des Heiligen Geistes."

In einem weiteren Gesprächsgang kommt die Taufe als das Zeichen dieser Zugehörigkeit ins Spiel. Sie wird dem Fremden erklärt – dabei werden die wesentlichen Elemente der Tauftheologie zur Sprache gebracht: Sündenvergebung, Zugehörigkeit zu Jesus Christus und seiner Gemeinde, Verleihung des Heiligen Geistes, Segen. Die Unterweisung des Kämmerers wird hier als Chance genutzt, an das zu erinnern, was die Taufe ist. Dabei werden für uns heutzutage fremde wie auch vertraute Elemente gleichermaßen aufgenommen und gedeutet: das Untertauchen im Wasser einerseits, die Handauflegung und Segnung andererseits.

Wem diese eingebrachten Informationen über die Taufe zu weit gehen, möge hier kürzen. Vermieden aber sollte werden, dass die Taufe nur als ein unverstandenes, vielleicht sogar magisch besetztes Aufnahmeritual erscheint.

*3. Szene:*

*Die Taufe*

Mit dem Willen zur Taufe und deren Vollzug endet die Geschichte. Dabei wird betont, was sie dem Kämmerer auf seinem Weg in seine weit entfernte Heimat – weit entfernt von der Gemeinde der Christen – bedeuten kann.

„Was heißt das: getauft?", fragt der Minister.

Philippus erklärt:

„Wir führen den Täufling zum Wasser, lassen ihn untertauchen und wieder auftauchen und sprechen: So wie du im Wasser untergegangen bist, so soll all das weggeschwemmt sein, was dich bekümmert und kränkt und was dich von Gott und Jesus Christus trennt. Die Angst soll verschwinden, die du vor dem Dunklen in deinem Leben und in unserer Welt hast. Du sollst auftauchen als ein neuer Mensch, der zu Gott gehört und zu Jesus Christus. Du wirst spüren, dass Gott dich so sehr lieb hat, wie gute Eltern ihr Kind lieben, und du kannst diese Liebe auch an andere weitergeben. Du gehörst jetzt zu all denen, die an die gute Botschaft von Jesus Christus glauben. Gottes guter Geist wird auch bei dir sein. Er soll wie ein Licht sein, das dein Leben hell macht. Und dann legen wir ihm die Hände auf den Kopf und segnen ihn: Gott bleibe bei dir mit seinem Schutz und mit seiner Gnade. Friede sei mit dir!"

Da unterbricht ihn der Minister: „Das heißt also, dass auch jetzt noch Menschen zu Jesus dazu kommen können und dass auch für sie gilt, was du gerade gesagt hast!"

„Natürlich", antwortet Philippus. „Genauso ist es!"

Jetzt hält es den Minister nicht länger auf seinem Platz.

„Kann ich nicht auch getauft werden?", ruft er aus. „Schau, da ist ein Bach. Taufe mich!"

Die Kutsche hält an, beide steigen zum Bach hinunter, und Philippus tauft den Minister aus Afrika, so wie er es ihm vorher beschrieben hat.

„Nimm das Zeichen der Taufe mit auf deinen Weg! Was wir am Pfingstfest erlebt haben, das gilt auch für dich! Gottes guter Geist ist auch bei dir!"

Glücklich kehrt der Minister zu seiner Kutsche zurück. Er wird jetzt alleine weiterfahren. Aber er fühlt sich gar nicht einsam.

„Jetzt weiß ich, dass ich mit vielen, vielen anderen Menschen zu Jesus Christus gehöre. An das Zeichen der Taufe kann ich mich immer erinnern. Auch wenn ich in Äthiopien und weit weg von Jesus und den Jesus-Freunden bin. Gut, dass es die Taufe gibt!"

Fröhlich fährt er in seiner Kutsche dahin.

*Gesprächsimpulse*

- Mit so vielen Erwartungen kam der Kämmerer nach Jerusalem. Aber es lief alles anders. Versuche dich in die Lage und in die Gefühle des Kämmerers hineinzuversetzen!
- Immer wieder forderte der Äthiopier den Philippus auf, mehr von Jesus zu erzählen. Was meinst du, was ihn so sehr an diesem Jesus interessiert hat?
- Es war für Philippus sicher nicht leicht, in wenigen Worten das Wichtigste von Jesus zu erzählen. Wie ist ihm das gelungen? Findest du noch andere Beispiele? Welche?
- Was meinst du, hat den Wunsch des Äthiopiers geweckt, auch zu den Christen zu gehören?
- Von dem, was der Minister bei seiner Taufe erlebte und hörte, konnte er bestimmt viel auf seinen weiteren Weg mitnehmen. Was meinst du dazu?

*Anregungen für die Freiarbeit*

### Ein Afrikaner wird getauft

Für uns ist es eher ungewöhnlich, dass Erwachsene getauft werden. Erkundigt euch, was bei uns bei einer Taufe geschieht, und berichtet in der Klasse davon.

### Ein Afrikaner wird getauft

Du kannst ein Reisetagebuch des Ministers schreiben.
Achte dabei darauf, wie es ihm an den verschiedenen Stationen seines Weges geht.

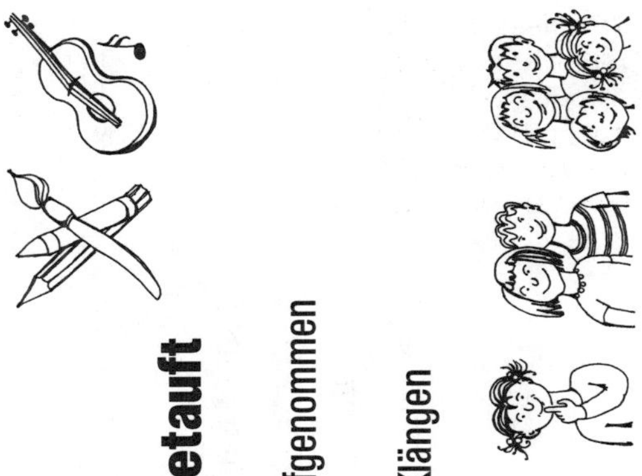

### Ein Afrikaner wird getauft

Sich ausgesperrt fühlen – aufgenommen werden.
Diese Gefühle könnt ihr mit Klängen oder Farben ausdrücken.

### Ein Afrikaner wird getauft

Suche oder male Gegenstände, die davon erzählen können, wie es dem Afrikaner vor und nach der Begegnung mit Philippus geht!

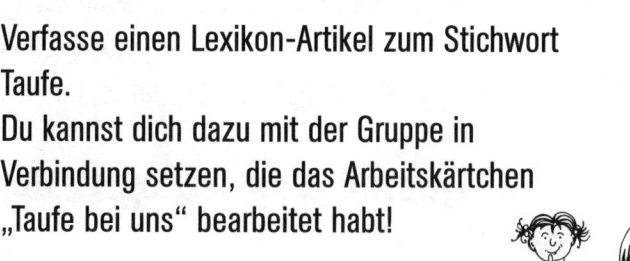

### Ein Afrikaner wird getauft

Suche aus der Psalmenkartei einen Psalm aus, den du dem Afrikaner gerne mitgeben würdest, und gestalte ihn als Schmuckblatt!

### Ein Afrikaner wird getauft

Du bist Philippus und begegnest einem Menschen, der noch gar nichts vom christlichen Glauben weiß.
Was und wie würdest du mit ihm reden?
Suche dir einen Partner / eine Partnerin und spielt diese Szene!

### Ein Afrikaner wird getauft

Verfasse einen Lexikon-Artikel zum Stichwort Taufe.
Du kannst dich dazu mit der Gruppe in Verbindung setzen, die das Arbeitskärtchen „Taufe bei uns" bearbeitet habt!

## Ein Afrikaner wird getauft

Ein Jahr später erhält Philippus einen Brief aus Äthiopien.
Was ihm der Finanzminister wohl mitteilt?
Schreibe diesen Brief!

## Ein Afrikaner wird getauft

Äthiopien ist ein Land in Afrika. Schau auf der Landkarte nach, welche Reiseroute der Kämmerer wohl zurückgelegt hat, und erzähle in der Klasse davon.
Eine lohnende Anstrengung für ihn?
Diskutiert!

## Ein Afrikaner wird getauft

Der Kämmerer ist wieder zu Hause.
Spielt, was sich zugetragen haben könnte, als er von seiner Reise erzählt!

## Ein Afrikaner wird getauft

Befragt Menschen in eurer Umgebung, was ihnen die Taufe bedeutet.
Überlegt, wie ihr eure Ergebnisse der Klasse vorstellen könnt!

# Segensworte

Bitte kopieren Sie die Kärtchen *Segenswort* und *Psalmwort* (siehe S. 93) in ausreichender Zahl und kleben Sie die folgenden Segens- und Psalmworte ein.

Gott segne dich,
er lasse dich gedeihen
und wachsen
an Leib und Seele.

Gott behüte dich
vor Angst und Gefahr.

Gott lasse sein Angesicht
leuchten über dir
wie die Sonne über der Erde.

Gott wird deinen Fuß
nicht gleiten lassen,
und der dich behütet,
schläft nicht.

Gott sei bei dir
und lasse dir
auch in dunklen Zeiten
Zeichen der Hoffnung aufleuchten.

Gott,
die lebendige Quelle
aller Hoffnung,
Kraft und Liebe,
segne dich.

Gott, bleibe bei uns
mit deiner Liebe
auf allen unseren Wegen.

Gott schenke dir
die Kraft und die Weisheit,
das jeweils Richtige zu tun.

Gott schenke dir,
dass du bei ihm geborgen bist
wie der Vogel im Nest.

# Psalmworte

**Neige deine Ohren zu mir
und hilf mir.**

(Psalm 31, Vers 3)

**Gott, zeige mir deinen Weg
und leite mich auf ebener Bahn.**

(Psalm 27, Vers 11)

**Gott, errette mich
aus aller meiner Furcht.**

(Psalm 34, Vers 5)

**Du bist mein Fels
und meine Burg.
Du willst mich leiten und führen.**

(Psalm 31, Vers 4)

**Mich hast du froh gemacht.
Ich liege und schlafe
ganz mit Frieden.**

(Psalm 4, Vers 7)

**Gott ist mein Licht.
Vor wem sollte ich mich fürchten?**

(Psalm 27, Vers 1)

**Du richtest mich auf.**

(Psalm 3, Vers 4)

**Gott ist meines Lebens Kraft.
Vor wem sollte ich mich fürchten?**

(Psalm 27, Vers 2)

**Deine Liebe, Gott,
ist wie die Sonne,
von der wir leben.**

(Psalm 36, Vers 10)

**Lobe den Herrn, meine Seele,
und vergiss nicht,
was er dir Gutes getan hat.**

(Psalm 103, Vers 2)

**Gott, wie sind deine Werke
so groß und viel.**

(Psalm 104, Vers 24)

**Der Herr ist mein Hirte,
mir wird es an nichts fehlen.**

(Psalm 23, Vers 1)

**Hilf du uns, Gott,
unser Helfer.**

(Psalm 79, Vers 9)

**Befiehl dem Herrn deine Wege
und hoffe auf ihn,
er wird's wohl machen.**

(Psalm 37, Vers 5)

**Ich bin so müde vom Weinen.
Die ganze Nacht weine ich,
mein Bett wird nass von Tränen.**

(Psalm 6, Vers 7)

**Meine Zeit
steht in deinen Händen.**

(Psalm 31, Vers 6)

**Ich habe keine Kraft,
ich bin völlig zerschlagen.**

(Psalm 38, Vers 9)

**Ich stehe vor dem Abgrund.**

(Psalm 88, Vers 4)

**Ich bin wie ein zerbrochenes Gefäß.**

(Psalm 31, Vers 13)

**Du zogst mich heraus
aus dem Dreck und Schlamm.
Du stellst meine Füße
auf sicheren Boden
und machst meine Schritte sicher.**

(Psalm 40, Vers 3)

**Ich bin so einsam und mir ist elend.**

(Psalm 25, Vers 16)

**Wenn du die Menschen lieb hast,
denk auch an mich.**

(Psalm 106, Vers 4)

**Ich freue mich über dich,
ich bin überglücklich
und will dir singen.**

(Psalm 9, Vers 3)

**Mein Herz ist bereit,
dass ich singe und lobe.**

(Psalm 57, Vers 8)

**Segenswort**

<hier einkleben>

**Segenswort**

<hier einkleben>

**Psalmwort**

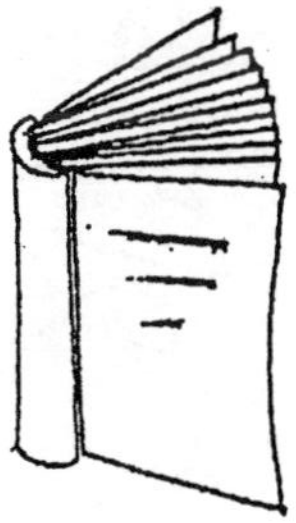

<hier einkleben>

**Psalmwort**

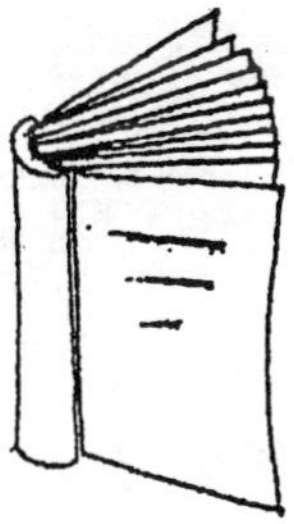

<hier einkleben>

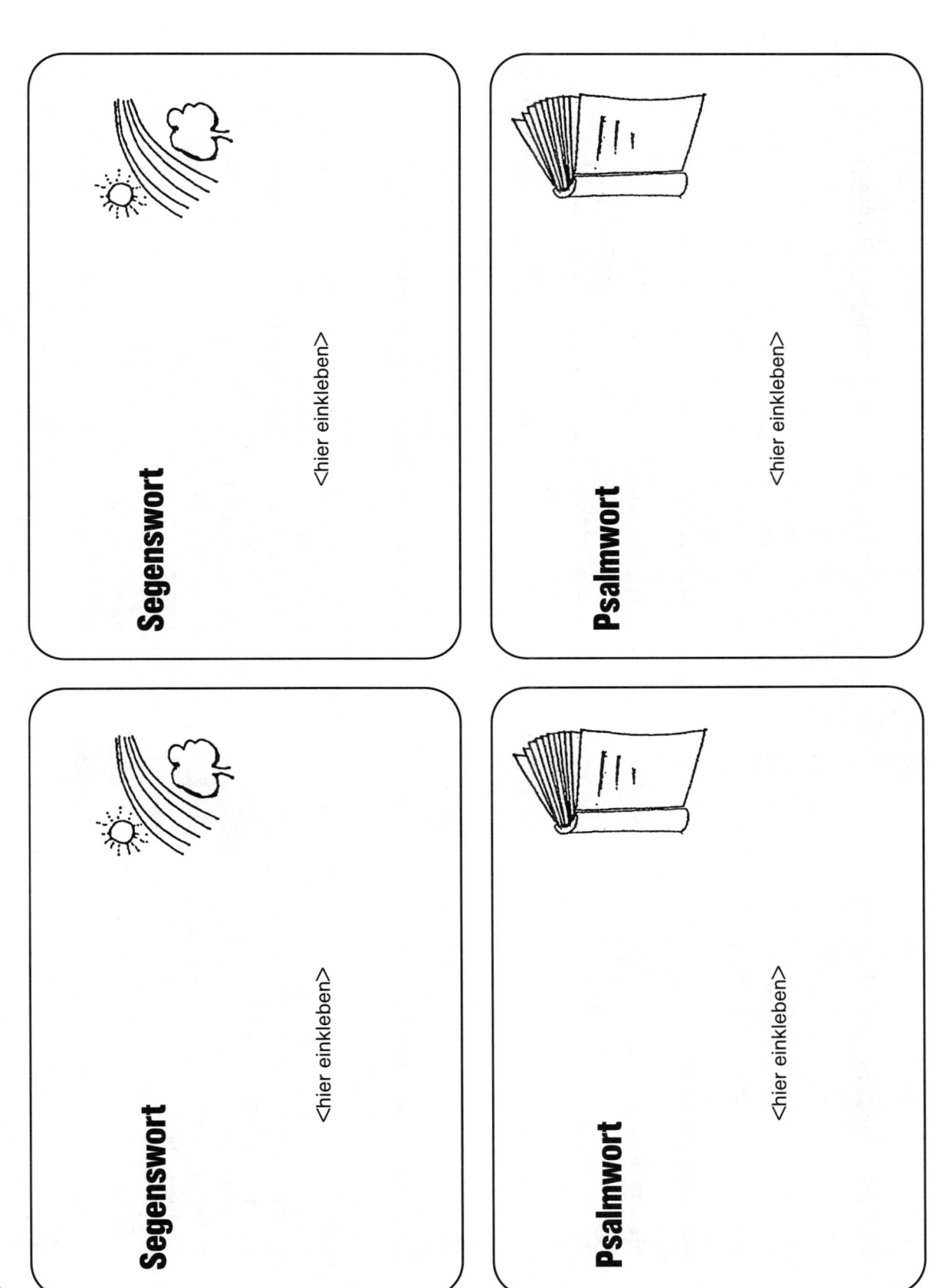

## Gestaltungskarte Comic-Zeichnen

1. Teile dein Blatt in 4 oder 6 Kästchen, je nachdem, wie viele Bilder deine Geschichte haben soll.
2. Zeichne die Bilder in der richtigen Reihenfolge. Lass neben den Köpfen Platz für Sprech- und Denkblasen.
3. Schreibe hinein, was die Person denkt oder spricht. Zusätzliches kannst du an den unteren Bildrand schreiben.

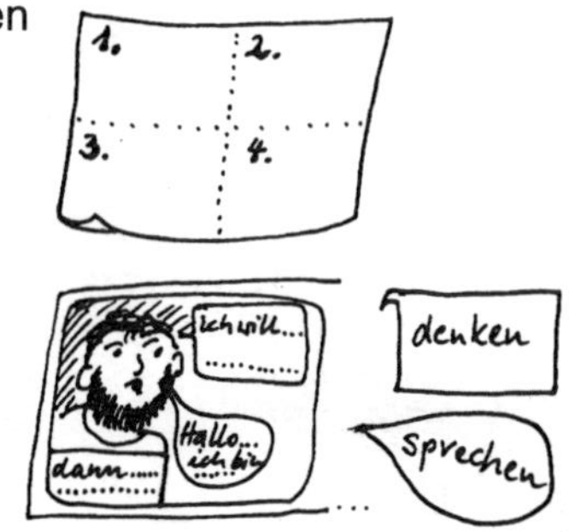

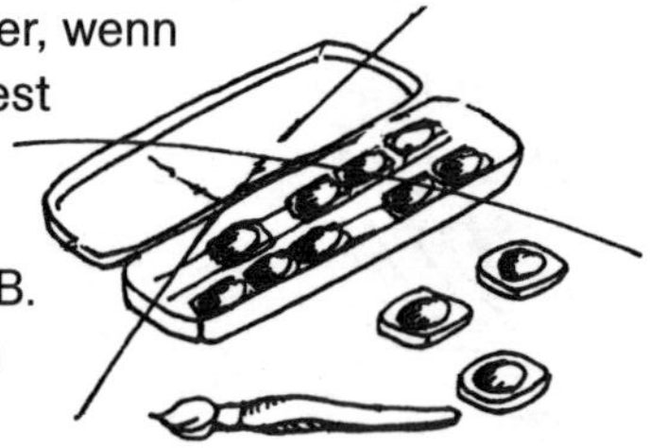

## Gestaltungskarte Papierstreifenbild

Es gibt Geschichten, zu denen man ganz viele Bilder malen möchte, um alles zu erzählen. Dann malst du deine Bilder am besten auf einzelne gleich große Blätter und klebst sie zuletzt in der richtigen Reihenfolge aneinander. Zum Aufbewahren kannst du den langen Bildstreifen wie eine Ziehharmonika falten. Das Faltbuch nennt man Leporello.

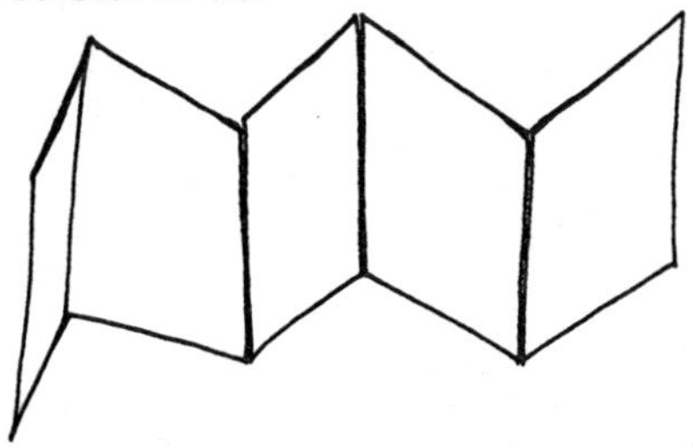

## Gestaltungskarte Collage

Suche dir aus Zeitschriften Menschen oder Gegenstände aus, die du für deine Geschichte brauchst. Klebe die Teile auf einen Bogen Papier. Du kannst dein Klebebild auch ergänzen, indem du weitere Personen oder Gegenstände dazumalst oder in die Lücken passende Texte schreibst.

## Gestaltungskarte Farbbegrenzung

Es gibt viele Farben unter deinen Buntstiften, im Malkasten und bei Farbpapier. Du musst aber nicht immer alle benutzen. Oft werden Bilder eindrucksvoller, wenn du nur wenige Farben verwendest oder sie miteinander mischst. Überlege, welche Farben dir für dein Bild wichtig sind. Wähle z. B. helle, leuchtende Farben für ein fröhliches Bild.

# Werkbücher Religionsunterricht 1 bis 6

Reinhard Veit

**Das Alte Testament im Unterricht**
Mit 10 farbigen Folien
und 24 Kopiervorlagen
88 S., kart.
DM 98,– öS 716,– sFr 81,–

Reinhard Veit

**Das Neue Testament im Unterricht**
Mit 12 farbigen Folien
und 33 Kopiervorlagen
96 S., kart.
DM 98,– öS 716,– sFr 81,–

Der Autor gibt jeweils eine kurze Einleitung zu den theologischen Zusammenhängen und entfaltet dann in einzelnen Lernschritten Unterrichtsideen zu allen von den Lehrplänen geforderten Themen.

Im Mittelpunkt der Unterrichtsarbeit stehen die Folien. Zu den vielfältigen Einsatzmöglichkeiten im Unterricht gibt es detaillierte methodische Hinweise. Zahlreiche Kopiervorlagen ergänzen und vertiefen die einzelnen Lernschritte.

Bodo Meier-Böhme,
Klaus Bastian

**Vertretungsstunde Religion**
40 Vorschläge
96 S. mit Zeichnungen von
Klaus-Peter Bertz, kart.
DM 16,80 öS 123,– sFr 16,–

Bewusst enthält das Buch keine biblischen Geschichten, denn es soll auch von LehrerInnen benutzt werden, die das Fach Religion normalerweise nicht unterrichten. Aber es gibt zu jeder Stunde Hinweise auf den biblischen Bezug, außerdem eine kurze Einführung zum Thema und methodische Hinweise.

Hiltraud Olbrich,
Andreas Stonis

**Was gut tut –
Spiel und Stille
im Religionsunterricht**
80 S., kart.
DM 16,80 öS 123,– sFr 16,–

Das Buch enthält 27 Beispiele. Die meisten Vorschläge können auch über den Religionsunterricht hinaus eingesetzt werden.

# 1 bis 6

**Verlag
Ernst Kaufmann**